女性部下マネジメントの教科書

期待している人が辞めずに育つ

キャリアコンサルタント 冨山佳代

同文舘出版

はじめに

はじめまして、冨山佳代です。

キャリアコンサルタントとして独立して10年、私自身も仕事と子育ての両立を試行錯誤しながら、企業での管理職研修や女性社員のキャリア研修、キャリアコンサルティング（個人相談）を通じて、「女性が自信をもって活躍し続ける支援」に取り組んできました。

私の女性支援に対する思いの原点は、損害保険会社で人事異動により研修講師をするようになった約20年前にあります。

研修講師をするなかで、知識も経験も豊富なのにもかかわらず、自信がもてないという女性が少なからずいることに驚きました。そして、自信がもてないから挑戦することを躊躇してしまう女性を、上司は「積極性に欠ける」と思っていることがあると知りました。

あれから20年経ちました。女性が活躍できる環境づくりは国の重要政策として、特にここ数年で急速に進み、結婚・出産しても働き続ける女性が着実に増えています。そして、より多くの管理職と女性社員との間に、誤解やすれ違いが広がっています。**本当は意欲が高い女性社員を活かしきれていない**のは、組織と女性社員のどちらにとっても、もったいないことです。

私は、女性部下マネジメントに悩む管理職と、仕事でのキャリアと結婚・出産等のライフイベントの狭間で悩む女性社員の双方の疑問や悩みに応え、支援をしてきました。

・女性部下マネジメント研修に参加予定の管理職の疑問
「どうして女性社員は担当変更くらいで難色を示すのだろう？」
・キャリアコンサルティングで語られる女性社員の悩み
「どうして管理職はわかってくれないのだろう……」

このような双方の疑問や悩みを踏まえて、本書では、**管理職と女性部下の誤解やすれ違いを減らし、女性部下に仕事を続け活躍してもらうた**めに管理職ができる具体的な支援策をお伝えします。

よくある管理職の悩み①
女性活躍に向けて、どこから手をつけたらいいのか？

会社のトップから女性活躍の取り組みを進めていくという方針が打ち出されていても、たとえば次のような理由で、思うように進められないという状況はありませんか？

- 女性社員の配属・担当が補助的な業務に偏っている。
- 女性社員を長い目で育ててこなかったため、業務の幅が狭い、浅いため、任せられる役割が限られている。
- 仕事と家庭（子育て、介護、配偶者の転勤等）の両立が難しいため、中堅以上の女性社員がほとんど残っていない。
- 長時間労働が常態化していて、女性社員が管理職などに挑戦したいとなかなか思い切れない環境である。
- 両立支援制度はあるが、それを利用しづらい職場風土である。

理由がわかっているなら、すぐに「女性社員を育てる、仕事と家庭の両立ができるような職場風土をつくる」取り組みを始めればいいのですが、どこから手をつけたらいいのかと悩んで進められないのです。

よくある管理職の悩み②
女性部下のことがよくわからない

社内で仕事と子育ての両立支援制度の整備や、女性の職務範囲の拡大・昇進昇格への取り組みがある程度進んでいる組織の管理職からは、次のような悩みをよく聞きます。

・管理職候補として手厚く育ててきて、昇進への道筋が見えてきているのに、女性部下が思い悩んでいるのはなぜか？
・女性部下の結婚や出産・子育て等のワークライフバランスも考えながら、将来的なキャリア形成に向けてどうアドバイスしたらいいのか？
・女性部下が個人的な実感（両立の大変さなど）を伝えてくるが、上司である自分にどうしてほしいのか？
・モチベーションが低い女性社員に、どう働きかけたらいいのか？
・女性部下と話すとき、セクハラが気になって気を使いすぎてしまう。どのように指導や指摘をしたらいいのか？

男性部下とは異なる対応も必要であることはわかっている。けれども、女性部下の考えていることや悩んでいることが想像しきれないために、どのような関わりや対応をしたらいいのかがわからない。

必ずしも緊急に対応すべきことではないので、問題が先送りされ、女性部下とのコミュニケーションが減っていき、ますます女性部下のことがよくわからなくなってしまっているのです。

よくある管理職の悩み③
「管理職が変われ」と言われるが、どのように？

「女性活躍推進のために管理職が変わらなければならない、管理職の支援が大切だ」と言われるけれど、具体的にどのように変わればいいのか、どのように支援したらいいのかと悩んでいる方もいるでしょう。

これまでは、男性社員中心の画一的なマネジメントでうまくいっていました。それが最適なマネジメントだった時代が終わり、多くの企業で、新卒・中途ともに採用がますます難しくなる、人手が足りないので社員の育成に手が回らない、これまで男性中心に担ってきた業務や役割の担い手・人材が不足するといった課題に直面しています。

皆さんの組織でも、この課題を解決するための一策として、女性社員に大きな期待を寄せているのではないでしょうか。

女性社員の場合は特に、結婚・出産といったライフイベントの影響で、働く時間に制約がある人もいます。制約があるなかで活躍してもらうためには、個々の事情と可能な働き方を考慮して力を発揮してもらうための環境づくりが必要です。

特に上司の支援は欠かせないものです。では、上司はどのように変わったらいいのでしょうか？

管理職の悩みの解決するために “相談される上司”を目指す

これらの管理職の悩みを解決するひとつのアプローチとして、管理職が**「相談される上司」**を目指すことを提案します。

過去の女性活躍の取り組みでの最大の失敗例は、女性社員の意識だけを変えようとしたことです。確かに、組織の効率を考えると、女性社員だけが変わることで問題が解決するならそれが一番よかったでしょう。

でも、人は“変わること”に抵抗があるものです。ましてや、現状のままで困っていない女性社員は、自分からあえて変わろうとは思わないでしょう。もっと仕事の幅を広げたいと思っている女性社員であっても、会社や上司が自分を応援してくれていると感じなければ、変わることを躊躇します。

女性活躍においては、活躍の前提となる柔軟な働き方や両立支援等の制度、そして上司や職場のメンバーの応援・支援が必要で、特に上司の支援が一番の力になります。

まず管理職が「相談しやすい上司」に変わることで、女性活躍は**“女性が一人で頑張ること”ではなく、“管理職とともに取り組むこと”**だと女性社員に伝えることができます。そして、女性部下から相談してもらうことで、女性部下が抱える事情や考え、気持ちを知ることができます。それを踏まえて「どのようにしたら仕事で貢献できるのか」を管理職と女性部下で話し合うことができるのです。

本書では、女性部下が働き続けるなかで迷ったり悩んだりしたとき、どう感じ、どう考え、どう判断する可能性があるのかを解説しています。また、それに対する管理職としての関わり方・対話のしかた・支援のあり方を、よくあるQ&A形式で具体的にお伝えしています。対話のＮＧ例・ＯＫ例も紹介していますので、ぜひ、ご自身の対応を振り返り、そのバリエーションを増やすことにご活用ください。

女性が活躍できる環境づくりの鍵は管理職と女性部下との“対話”

今、企業は、採用難、人手・人材不足という課題を抱えています。一方で、働き続けたいと願う多くの女性がいる。なかでも、**やりがいや成長・貢献を求めている女性は、企業の成長を支えてくれる人材の最有力候補**です。

まずは辞めずに仕事を続ける女性社員を増やし、不安やためらいをはね除けて新しい業務や役割に挑戦する女性社員を増やしていく必要があります。女性部下をより高い能力や幅広い経験が求められる業務や責任ある立場を任せられる人材に育てていくためには、管理職と女性部下との対話が欠かせません。

なぜなら女性は、新たな挑戦に対して慎重になる人が多い、ライフイベント（結婚、妊娠、出産、子育て等）により、両立や将来的にどのようにキャリアを築いていくかを悩む人が多いからです。

でも、何に困っているのか、どのような悩みや不安を抱えているのか、将来的にどのようなキャリアを望んでいるのか等について、管理職が女性部下から相談されることは少ないのが実情です。

キャリアコンサルティングにくる女性社員から、「私がおかしいのでしょうか？」「皆さんはどうしているのですか？」と聞かれることがしばしばあります。

その質問の背景には、周りに同じような状況の女性がいない、自分だけがわがままを言っているのではないか、迷惑をかけてしまうのではないかという不安や心配、上司にライフイベントとキャリアが絡み合った悩みを相談したら申し訳ないという気持ち、上司に相談してもわかってもらえない、解決につながらない閉塞感等があります。

管理職は、女性部下活躍の一番の支援者です。対話を通じて、女性部下の悩みや不安を解消する、挑戦したい意欲の芽を見出し伸ばす、行動を促し積み重ね自信につなげることで、女性部下を企業の成長を支える人材に育てることができるのです。

本書が、管理職と女性部下の対話を増やす一助となり、管理職の皆さんが女性社員の離職防止と育成への対応力を上げることで、より多くの女性社員が仕事で貢献し続けることにつながれば幸甚です。

キャリアコンサルタント　冨山佳代

CONTENTS

3章 対話を通じて成長支援するキャリアのQ&A

4章 知って備えてあわてない妊娠のQ&A

5章 将来のキャリアをあきらめない産休・育休のQ&A

6章 信頼関係をもとに業務の質を保つ体調不良のQ&A

7章 働きやすい職場をつくるハラスメント対策のQ&A

8章 長期的な視点で育てるキャリア支援4事例

カバー・本文デザイン　二ノ宮匡（nixinc）
図版制作・本文 DTP　梅津由紀子（nixinc）

1章

女性の活躍支援よくあるQ&A

女性活躍支援とは何をどのようにすることなのか？
そもそも、なぜ女性活躍支援が必要なのか？
女性の活躍支援に取り組むという会社の方針はあり、
やらなければならないことだとは思っても、
どこかすっきりしない管理職のよくある疑問を紹介します。

01 女性活躍とは何か？

「皆さんの組織で女性活躍は進んでいますか？」と管理職に聞くと、次のような答えが返ってきます。

・うちの会社は女性社員が辞めなくなっている。
・うちの会社は女性事務職も営業的な役割を一部担うようになった。
・うちの会社は女性の係長が数名増えた。
・うちの会社は女性管理職がいないからまだまだだ。

同じ質問を女性社員にすると、管理職と同様の答えも出てくるのですが、次のような声も聞かれます。

・女性だけが何か大変なことをやらされるのだろうか。
・活躍などとは言われたくない。"普通"に働きたいだけ。
・これまでどおりコツコツと担当業務をこなして、残業しないで帰れないなら長くは続けられない。
・やっと自分が望むような業務や役割に近づく道が開けた。

何が違うのでしょうか？　管理職は「女性活躍を組織全体の状態として数値中心に見ている」、女性社員は組織全体の状態だけでなく「自分が今後どうなるのか」という視点でも見ているという違いがあります。この違いを認識していないと、女性活躍は思うように進んでいきません。

なぜなら、**女性活躍の"成功"の秘訣は、女性社員自身が「そうしたい」と思って、納得して行動に移すこと**だからです。

多くの企業の課題である、採用難、人手・人材不足に対応するための担い手を増やすという視点から、目指すべき「女性が活躍している状態」は、次のようになります。

・（採用）女性社員の採用人数を増やすことで、社員の男女比の不均衡が是正されている。
・（両立支援）仕事と子育て・介護等の両立を支援することで、働き続ける女性社員が増えている。
・（職務範囲の拡大）今まで男性社員だけに任せていた業務を担う女性社員が増えている。
・（登用）男性中心だった役員や管理職に女性社員が登用されている。

こうした状態を実現するために大切なことは、女性社員自身が「どうしたいか」という本人の意思を管理職が引き出すことです。

一方、いくら女性社員がこれをやりたい、こうしたいと思っても、その人の個性と能力が職場で必要とされていなければ、組織のなかで受け入れられません。

・女性活躍とは、「女性社員自身が望む生き方、働き方」と「職場で必要とされること」が両立している状態
・女性活躍支援とは、管理職が女性社員の意思（自身が望む生き方、働き方）を引き出し、それを実現していくために職場で必要とされるよう、育成と環境づくりをすること

本書では、この考えに基づいてお伝えしていきます。

女性活躍推進は なぜ必要？

内閣府は『「日本再興戦略」改訂2014』で、女性の力を「我が国最大の潜在力」とし、成長戦略の中核に位置づけました。

女性活躍は基本的人権の尊重という大前提のもと、企業経営においても重要課題となっています。

・急速に進む人口減少に対して労働力・担い手不足を補うため
・管理的立場にある女性の割合が低いなど女性の参画度が低く、さらにその差が拡大し、他の先進国に遅れを取っているため
・価値観の多様化やグローバル化に対応し、企業における人材の多様性（ダイバーシティ）を確保するため

2003年６月男女共同参画推進本部が決定・公表した政府目標に、「社会のあらゆる分野において、2020年までに指導的地位[※]に女性が占める割合を少なくとも30％程度とする目標」があります（※「指導的地位」の定義：①議会議員、②法人・団体等における課長担当職以上の者、③専門的・技術的な職業のうち特に専門性が高い職業に従事する者とするのが適当（2007年男女共同参画会議決定））。

その目標達成に向け、徐々に進んでいるものの、10年以上経っても目標達成には遠い状況でした。

第４次男女共同参画基本計画（2015年12月25日）では、「30％目標」を引き続き目指すとしたうえで、具体的目標を設定するとともに、将来指導的地位へ成長していく人材プールに関する目標が定められました。

さらに、「女性の活躍を迅速かつ重点的に推進し、男女の人権が尊重され、かつ急速な少子高齢化の進展、国民の需要の多様化等に対応できる豊かで活力ある社会を実現すること」を目的として、女性活躍推進法

（女性の職業生活における活躍の推進に関する法律）が2015年８月に成立しました。

同法で策定と公表が義務づけられている行動計画（女性活躍の取り組み目標と行動計画）に基づき、各企業では取り組みを進めています。

法令

女性活躍推進法

■一般事業主行動計画

常時雇用する労働者が301人以上の事業主[※]には、各企業の実態に合わせた女性活躍推進のための行動計画の策定・公表が義務づけられている。多くの企業では、自社のホームページや厚生労働省「女性の活躍推進企業データベース」などで公表している。

①自社の女性の活躍に関する状況の把握、課題分析
②状況把握、課題分析を踏まえた行動計画の策定、社内周知、公表
③行動計画を策定した旨の都道府県労働局への届出
④女性の活躍に関する情報の公開

※2019年5月の法改正により常時雇用する労働者が101人以上に対象拡大（施行は公布後３年以内の政令で定める日）。

女性活躍推進は、すぐに成果が出るものではありません。なぜなら、採用から継続就業すること、そこからさらに管理職や役員への登用年次に到達するまでには一般的には10年以上の年月がかかるからです。

他社から大きく出遅れてしまうと、女性にとっても男性にとっても働きにくい企業だと敬遠され、男女ともに採用しようにも応募者が集まらないという状況に陥る可能性もあります。

女性活躍推進は、とにかく早く取り組みを始めることが大事なのです。

図01 民間企業の雇用者の各役職段階に占める女性の割合

項目	目標値 （期限）	計画策定時の 数値	最新値
係長相当職	25% （平成32年）	16.2% （平成26年）	18.3% （平成30年）
課長相当職	15% （平成32年）	9.2% （平成26年）	11.2% （平成30年）
部長相当職	10%程度 （平成32年）	6.0% （平成26年）	6.6% （平成30年）
上場企業役員に占める 女性の割合	5%（早期）、 さらに10%を 目指す （平成32年）	2.8% （平成27年）	4.1% （平成30年）

「第４次男女共同参画基本計画における成果目標の動向」
（内閣府男女共同参画局、2019年６月14日時点）

COLUMN

ジェンダーギャップ指数

経済活動や政治への参画度、教育水準、出生率や健康寿命などから算出され、各国の社会における男女格差を示す指標です。世界経済フォーラム（WEF）が2006年から毎年公表しています。

日本は国会議員・官僚・企業管理職などで男女格差が大きく、2018年は149か国中110位でＧ７最下位と、他の先進国に大きく遅れを取っています。経済分野のみのジェンダーギャップ指数は0.595で雇用数、給与、管理職割合で格差が大きく、117位となっています。

図02 各国のジェンダーギャップ指数（2018年）

順位	国・地域名	男女格差指数
1	アイスランド	0.858
2	ノルウェー	0.835
3	スウェーデン	0.822
4	フィンランド	0.821
5	ニカラグア	0.809
6	ルワンダ	0.804
7	ニュージーランド	0.801
8	フィリピン	0.799
9	アイルランド	0.796
10	ナミビア	0.789
11	スロベニア	0.784
12	フランス	0.779
13	デンマーク	0.778
14	ドイツ	0.776
15	イギリス	0.774
16	カナダ	0.771
51	アメリカ	0.720
70	イタリア	0.706
75	ロシア	0.701
103	中国	0.673
110	日本	0.662
115	韓国	0.657

02 上を目指そうとする女性が少ないのは、なぜ？

人事部門や管理職の方から、「うちの会社の女性は、辞めなくなったけれども、上を目指そうとする人が少ない」という声を聞きます。

また、女性社員からは、「“輝いている”女性は雲の上の人、自分とはほど遠い存在で、私はあそこまではできない」という話が出ます。

私自身も、新卒で入社した損害保険会社で昇進したいという意味で上を目指そうと思ったことはなく、上司に上を目指したいと伝えたこともありません。上司に昇進をすすめていただいたときも一度は断ってしまいました。

また、活躍している女性の先輩方がすぐ近くにかなりの人数いましたが、あまりにも遠い存在すぎて、同じ立場を目指そうとは思えませんでした。ですので、「周りからは上を目指そうとしていないように見える」女性たちの気持ちはすごくよくわかります。

一方で、就職支援をしている女子学生のなかで、子育てとの両立をし定年までしっかり働きたい、昇進したい、男性社員と仕事で差別されない会社で働きたいという希望を掲げて就職活動に取り組む人が増えています。また、若手女性社員を中心に、昇進希望を明確に会社や上司に伝える女性が増えているという声も聞きます。

そこで、女性全体の傾向を、次の２つの調査で確認しました。

・「新入社員 働くことの意識調査」（日本生産性本部、2018年）
・「男女正社員のキャリアと両立支援に関する調査」（独立行政法人労働政策研究・研修機構、2013年）

詳しくは次項から説明しますが、いずれの調査でも、**男性に比べて女性のほうが昇進を希望している人の割合が低い**傾向が見られました。この男女の意識を比べたデータは、人事部門や管理職の方々の実感値と、ある程度近いのかもしれません。

私は、個人のキャリアコンサルティングをお引き受けしていますが、わざわざお金を払って相談にいらっしゃる女性なので、意欲の高い人や成果を求める人が大多数です。そのような人でも、上司に対して**「昇進したいです」「管理職を目指します」と明言する女性は限られている**というのが私の実感値です。ここだけ切り取ると、女性は上昇志向が低いという見え方になるのかもしれません。

意欲はあったのに、やる気を失ってしまっている可能性も

では実際、男性との比較ではなく、女性の意識に焦点をあててみるとどうなのでしょうか。新入社員の意識調査から見ていきましょう。

図03 どのポストまで昇進したいか

新入社員（女性）回答	2008年度	2018年度
重役、社長まで	10.4%	7.9%
課長、部長まで	11.7%	12.8%
主任班長、係長まで	17.7%	21.6%

「新入社員 働くことの意識調査」（日本生産性本部、2018年）より

2008年度の新入社員と、2018年度の新入社員を比べると、重役、社長まで昇進したいと希望する女性の割合は下がりましたが（10.4％→7.9％）、主任班長から部長まで昇進したいと希望する女性の割合は増

えています（29.4％→34.4％）。

女性の意識を経年比較すると、**役職への昇進希望のすそ野は広がっているの**です。「せっかく仕事をするなら、担当業務の取りまとめやリーダーまではやってみたい」と考える人が増えていると推測します。

一方、2008年度、約10年前の女性新入社員の数値を見ると、昇進希望者は意外に多かったんだな、と思いませんか？

この女性たちが中堅社員として、まだ組織に残っているとして、「職場に上を目指そうとする女性が少ない」と感じているとすれば、**入社後、仕事をしていくなかで、自信ややる気を失ってしまっていないか、もしくは役職を担うことへの何らかの障壁ができてしまっていないか**を再点検する必要があるのではないでしょうか。

「女性が自信ややる気を失ってしまっている」組織でよく見られる、採用・配属・育成・評価の特徴には、次のようなものがあります（職種別・コース別採用で元々業務内容や役割等が固定化している場合を除く）。

- 電話応対・来客応対が暗黙に女性の役割となっている。
- 職場の雑務（たとえば、備品・文具発注管理、コピー機の故障対応、取りまとめ作業など）はすべて女性がやることに暗黙になっているが、メイン業務の配分量は男女で変わらない。
- 男性は営業、女性は事務等と業務分担が性別で固定化している。
- 女性に固定化している業務（たとえば事務で男性管理職が未経験の業務）について、管理職が関心をもたない。
- 管理職の関心が薄いので、女性に対して評価も指導もしない。
- 定型的な業務は女性、挑戦的な業務は男性に偏っている。
- 昇進・昇格が男性を優先しているように見える。
- 採用時には女性が活躍しているように説明されていたが、入社してみるとやる気のある若手女性が社内にわずかにいるだけで、配属先は抵抗勢力のような古株女性ばかりでやりにくい。
・女性の役職者がいない（少ない）組織で、内部で育てるのではなく、
女性管理職を中途採用のみで増やしている。

「女性総合職が10年目前後で辞めてしまう」という悩みがある企業は、まず自信ややる気を失ってしまっている可能性がないかを検証してみる、続いて仕事と家庭の両立のしにくさが退職の選択をさせていないかを検証してみるとよいでしょう。

以上、見てきたように、昇進を希望している女性社員が新入社員から若手社員の間に、成長に向けた管理職のアドバイスや関わりがあること、成長に向けた新しい役割に挑戦する機会が与えられることは、女性社員の自信とやる気につながります。

一方で、その間に**男性社員に偏った公正さを欠く配属・育成・評価がなされると、女性社員の自信とやる気の低下につながってしまいます**。

本音は違うかもしれない

「男女正社員のキャリアと両立支援に関する調査」（独立行政法人労働政策研究・研修機構、2013年）によると、**女性管理職（課長、部長）の約35～40％は、現在のポストより上の役職への昇進を希望しています**。また、一般従業員の約10％、係長・主任の約30％が、課長以上の昇進希望をもっています。

私がお会いする女性社員に対する実感値と近いのですが、皆さんはいかがですか。女性社員の昇進がある程度進んできていて、自分も上を目指せる道がありそうだと思えるようになった表れではないでしょうか。

このように**昇進希望があっても、上司である管理職にそれを伝えているとは限りません**。

実際、私が係長・主任クラスの女性社員のキャリアコンサルティングで、仕事ぶりを丁寧にヒアリングしていくと、管理職として活躍している女性と遜色ない仕事ぶりと評価を得ていることがほとんどです。

ところが、そのなかには、せっかく仕事をするなら昇進したいと思っているけれども、昇進したいと上司に伝えていない人がいます。

あるとき、役員候補として現役員にマンツーマンで大切に育てられている女性管理職が、「これまで、目の前の仕事に一生懸命取り組んできたことで管理職に推薦され、現在も管理職として頑張っています。でも、自分からは一度も管理職になりたいと言ったことはありません。今も、これだけ手をかけて育ててもらい、期待は裏切れないので、聞かれれば役員を目指していきたいと答えると思いますが、自分から役員を目指していますとはとても言えません」と言うのを聞いて、驚きました。

その理由として、「入社以来、同じ部署で仕事をしてきたため、男性に比べて経験職務の幅が狭いこと」「業務の判断にはある程度の自信があるけれど、組織や会社全体からみた判断や決断を求められたことがないこと」「管理職の男性と比べて年齢が高いことから、体力的に自信がもてないこと」を挙げていました。

このように、実力と意欲は秘めながらも、昇進希望を自分から明確に上司に伝えていない人がいるのです。女性社員が「昇進に対する希望を自ら表明しない」だけで昇進意欲が低いと判断してしまうのは、貴重な人材を見逃すことにつながります。

図04 管理職の昇進希望および一般従業員の昇進希望

〈管理職調査〉管理職の昇進希望(300人以上の企業)

	男性				女性			
	課長	部長	その他	無回答	課長	部長	その他	無回答
現在のポストより上の役職(役員以外)	48.6%	22.3%	32.2%	33.3%	31.2%	27.8%	20.0%	100.0%
役員以上	12.1%	28.3%	17.5%	16.7%	3.7%	13.9%	1.7%	—
昇進希望あり	60.7%	50.6%	49.7%	50.0%	34.9%	41.7%	21.7%	100.0%

※「昇進希望あり」は、「現在のポストより上の役職(役員以外)」と「役員以上」の計。

〈一般従業員調査〉一般従業員の昇進希望(300人以上の企業)

	男性			女性		
	一般従業員	係長・主任	無回答	一般従業員	係長・主任	無回答
課長	23.3%	30.2%	—	7.9%	23.4%	14.3%
部長	20.5%	27.5%	50.0%	1.9%	4.7%	—
役員以上	16.0%	13.3%	—	1.0%	1.3%	14.3%
昇進希望あり	59.8%	71.0%	50.0%	10.9%	29.4%	28.6%

※「昇進希望あり」は、「課長」から「役員以上」までの計。

「男女正社員のキャリアと両立支援に関する調査」(独立行政法人 労働政策研究・研修機構、2013年)

03 どうしたら女性の意欲を引き出せる？

女性の役職への挑戦という意味での上昇志向は、確かに男性に比べると低い傾向が見られます。また、上昇志向があったとしても、女性社員がそれを会社や上司に伝えているとは限らず、女性社員の本音は見えにくく、誤解されている可能性はあります。

三菱UFJリサーチ＆コンサルティングによる「女性管理職の育成・登用に関する調査（2015年）」結果より、この男女に見られる違いを見ていきます。

男性管理職の場合、「管理職になろうと思った理由」として「より高い収入、責任・権限、裁量を得たい」を選択している人が多く、「管理職を目指すことを目標」としている傾向が見られます。

一方、女性管理職の場合、男性管理職より選択した割合が高いものに、「自身の知識や経験で、組織に貢献したいと思ったため」「会社や上司から仕事を評価されたため」「上司に管理職になるよう説得や励ましを受けたため」の３つがあります。

女性にとって、「**管理職を目指すことは目標である以上に、仕事での経験の積み重ねの結果**」ととらえる傾向があると言えるのではないでしょうか。

自分の知識や経験で組織に貢献できると思えること、**「上司からの説得や励まし」や「会社や上司からの評価」といった「ある種のお墨つき」が手に入った結果**として、管理職を「受け入れる」。この調査からも、私の実感値としても、女性にはそのような傾向が見られます。

女性社員の成長や組織貢献の視点から、日頃の仕事ぶりに対する評価と期待を伝え続ける。あなたは管理職候補だと一方的に決めつけるので

図05 管理職になろうと思った理由

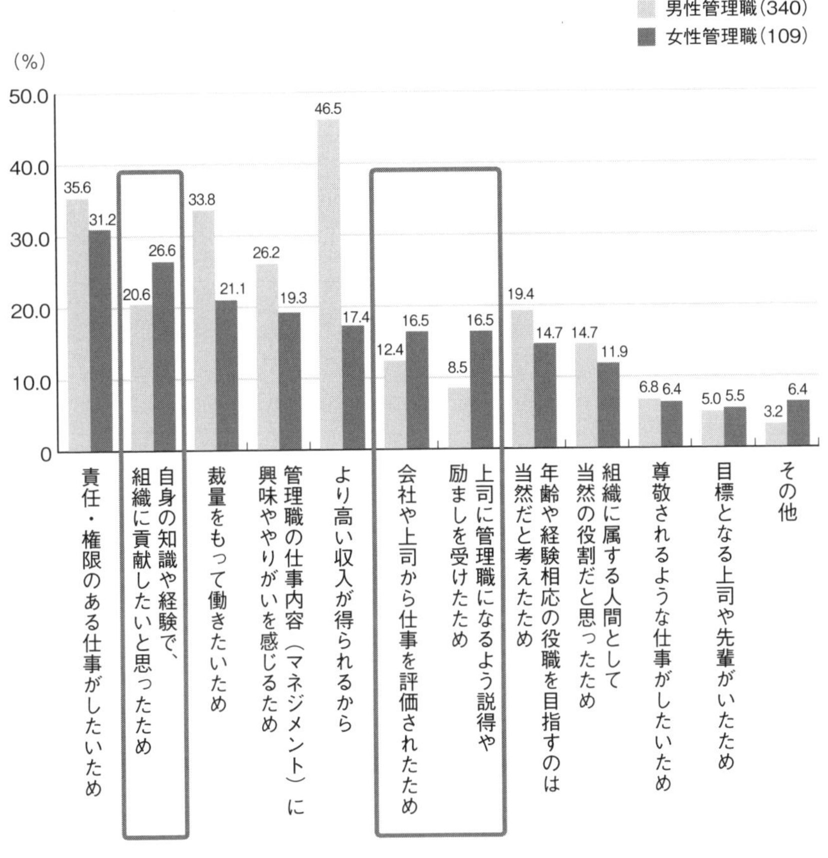

「女性管理職の育成・登用に関する調査」三菱UFJリサーチ＆コンサルティング（2015年）

はなく、まずは本人に上を目指すことについて考えてみるようすすめる。

このように、「この人は」と思う女性社員を信じてきめ細かく支援していく地道な関わりが、挑戦する女性社員を増やしていく近道です。

上を目指そうとする人が少ないのは、上を目指す道に導く管理職が少ないからではないか、そんな逆の視点で考えてみることも必要です。

04 女性活躍支援は女性のためだけの取り組みなのか？

ミレニアル世代（1980年～1995年生まれ）を対象にしたアンケート調査によると、男女ともに就職先を選ぶ際に、企業の「多様性、平等性、受容性についての組織方針」を重要視しています。また、多様性のある組織で働く人のほうが多様性のない組織で働く人より長期で勤続する意向が高くなっています。

私が就職支援をしている男子学生に10年後のキャリアイメージを聞くと、「ワークライフバランスを重視して、仕事と家庭・子育てを大切にしたい」と答える学生がこの数年で明らかに増えています。また、共働きの夫婦も増え、男性社員も本音では育休を取得したいと思っている人がいます。

一方、女子学生は「仕事と家庭・子育てとの両立をしながら定年まで働き続けたい」「管理職を目指したいので、どのような会社、仕事を選んだらいいのか」といった相談が増えていて、時代の変化を実感します。また、女性社員からは、「子育てとの両立の苦労をしてまでやる意義を感じる仕事や働き方を考えていきたい」という相談が増えています。

皆さんの職場の20代～30代の社員は、どのような価値観をもち、どのような働き方を望んでいるのでしょうか？

図06 ミレニアル世代に対する調査

ミレニアル世代は、就職先を選定する際に、
企業の「多様性、平等性、受容性についての組織方針」を重要視している。

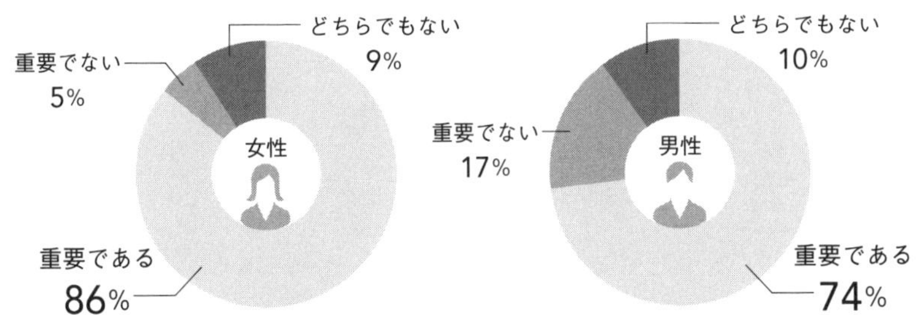

（注記）回答者：ミレニアル世代（1980年〜1995年生まれ）の男性1,349人、女性8,756人
（出所）PwCミレニアル世代の女性：新たな時代の人材（2015年）

従業員構成が多様な組織で働いていると感じている従業員は、
多様でないと考える従業員よりも、
5年以上長期で勤続する予定と回答している。

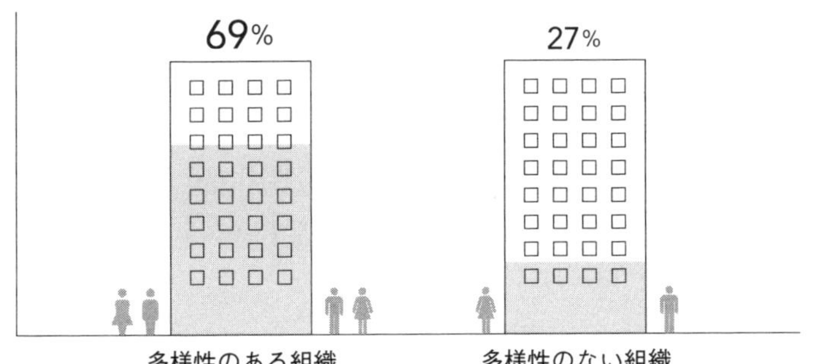

（注記）回答者：ミレニアル世代（1980年〜1995年生まれ）の
多様性のある組織で働く6,741名、多様性のない組織で働く3,399名
（出所）デロイト ミレニアル年次調査（2018年）

『女性活躍で企業は強くなる』（内閣府男女共同参画局）

すべての人にとって働きやすい職場づくりが求められている

あちこちで人手不足の声を聞くようになりました。多くの企業が新卒採用・中途採用で応募者が集まりにくい、限られた応募者から採用せざるを得ず、仕事内容や職場の雰囲気とのミスマッチですぐに辞めてしまうなどの悩みを抱えているかもしれません。

採用が難しくなっているからこそ、老若男女問わず、今いる社員により力を発揮してもらうこと、力を発揮している社員により長く続けてもらうことが求められているのです。

女性社員だけでなく、子育て、介護や病気の治療と両立しながら働く男性社員も増えています。社内にはそういった男性社員はいないと思っていても、もしかしたら、密かに苦労と悩みをひた隠しにしながら、一人頑張る男性社員が社内にいる可能性もあります。

「多様な人材が活躍してくれないと業務が回らない」「まずは女性社員に活躍してもらえる環境を整えなければ」、そのような危機感を解消するための第一歩として、女性活躍支援の取り組みが始まっています。

現在40代後半～60代（1970年代以前生まれの世代）の役員・管理職の方々が新入社員から若手社員の頃は、年功序列、終身雇用、仕事中心の生活が一般的な社会でした。

この年代の男性であれば、妻は専業主婦、自分は同じ会社で昇進しながら定年まで働くのが「普通」だと思ってきた方が多いのではないでしょうか。フルタイムで働く主に男性の正社員中心で、同じような環境、似たような考え方の人たちが集まる会社組織だったのではないかと思います。そういった組織での部下のマネジメントは、画一的であるからこそ効率がよく、何ら問題はありませんでした。

また最近まで、採用で男性の応募者がそこそこ集まり続けていたならば、あまり人手不足の問題意識をもつことも、マネジメントスタイルを変える必要もなく、ここまできているかもしれません。

これからの職場には、これまで以上に多様な人材が働くことが増えてきます。事情や状況は人それぞれに異なり、またその時々に変化します。性別、年齢、働き方、子育てや介護との両立、障がいの有無、国籍等、**多様な事情や状況にある人材を束ねていくマネジメント（ダイバーシティマネジメント）が不可欠の時代**になりました。

会社や管理職が社員・部下を慮って、よかれと思って画一的な対応策を一方的に決めるのではなく、これからは当事者にヒアリングしたり、職場で相談や話し合いをしながら、納得して合意していくことが必要です。

後になって、不満や文句を受け止めてから改善していくのでは、時間も労力もムダになります。決める前に意見を交わし一緒に決めていくことが、組織全体の効率化につながります。そして、**自分のことを大切にしてくれる会社・職場・職場の仲間の期待に応えようという気持ちを高める**ことにもなるのです。

すべての人にとって「働きやすい」「長く働いていきたい」職場づくりの第一歩が、女性活躍支援なのです。

2章

相談される上司になるためのQ&A

女性部下マネジメントで大切なのは、「相談される上司」になること。
女性部下との対話を通じて、
挑戦したいという意欲の芽を見出して伸ばすことで、
企業の成長を支える人材に育てることができます。

01 上司に相談しているのはどんな人？

「はじめに」でもふれましたが、管理職が「相談される上司」になることが、女性部下を企業の成長を支える人材に育てる第一歩です。

私は常々、女性からの相談を受けながら、もっと上司に相談すれば仕事が続けやすくなり、業務における貢献度も上がるのにと、もどかしく思っています。

女性は実際、誰に相談しているのだろう？　上司に相談していないとしたらどうしてなんだろう？　そんな疑問をもち、2018年12月に意識調査を実施しました（「女性が仕事と子育てを両立するうえでの意識調査」、株式会社これあらた）。

２章では、その調査結果も紹介しながら、“女性が相談すること”の実態がどうなっているのか、見ていきます。

悩みや困りごとは誰に相談している？

皆さんの女性部下は、あなたに相談していると思いますか？　働く女性（子どもの有無は問わない）の回答結果を見てみましょう。

仕事や職場の悩みや困りごとがあったとき、
誰に相談した？（複数回答）

「友人」……55%
「会社・組織の同僚」……45%
「配偶者」……41%
「会社・組織の上司」……29%
「会社・組織の人事部または人事担当部門」……6%

ちょっとした悩みであれば、友人や同僚に話すことで解消できたでしょう。でも、人によっては、上司に相談すれば解決できた問題を、遠慮やあきらめによって相談せずに辞めていった女性部下もいたかもしれません。

上司として、女性社員が相談してこないから問題がないと考えるのではなく、会社として「女性に働き続けてほしい」という明確なメッセージを伝え続けること、そのために、いつでも相談ができることを女性社員に伝えておくことが必要です。

働き続けたい人が相談している

では、上司に相談している人はどのような人なのでしょうか。

働いている女性（子どもの有無は問わない）のうち、上司に相談したことがある人の就労継続意向を見ていきます。

図07 相談した相手別の就業継続意向

	友人に相談	同僚に相談	配偶者に相談	上司に相談
働き続けたいと思っている	71%	77%	87%	77%
働き続けたいと思っていない	26%	21%	11%	21%
わからない	3%	2%	2%	2%

上司に相談したことがある人のうち、77%の人が働き続けたいと思っています。

解決につながることを期待している

一般的に、上司に相談しにくいと女性社員が考えている、仕事と子育ての両立の悩みや困りごとについて、相談してよかった人とその理由について、見ていきましょう。

相談してよかった人とその理由

・上司

「悩みや困りごとを解決してくれたから」(75%)

「悩みや困りごとの解決のしかたを示してくれたから」(38%)

「悩みや困りごとを聴いてくれたから」(38%)

・配偶者

「悩みや困りごとを聴いてくれたから」(78%)

「悩みや困りごとの解決のしかたを示してくれたから」(44%)

・友人

「悩みや困りごとをがあるのが自分だけでないとわかったから」(80%)

「悩みや困りごとを聴いてくれたから」(55%)

・同僚

「悩みや困りごとをがあるのが自分だけでないとわかったから」(58%)

「悩みや困りごとを聴いてくれたから」(53%)

上司には、解決につながることを期待して相談していることが特徴として挙げられます。

上司として相談を受けたら、まずは話を聴き、何に困っているのか、悩んでいるのかを理解することです。友人や配偶者に相談するだけでは解決できない問題があるならば、それに対して、的確で役に立つ提案や助言、具体的な支援をすることが求められています。

具体的な対応方法は３章以降のＱ＆Ａで紹介しています。

COLUMN

「両立がうまくいかない」と相談されたら、どうする？

「部下が上司である私に相談してきたのは、悩みを解決したいからだ」と考え、いきなり上司がアドバイスを始めたら、部下はどのように感じるでしょうか？

・上司「もっと周りの人に相談してみるといいよ」
　部下（せっかく上司に相談したのに、他の人に相談するの？）
・上司「子どもはすぐ大きくなるから時間が解決してくれるよ」
　部下（私は、今、悩んでいるんだけど……）
・上司「あなたは頑張っていると思うよ」
　部下（頑張ってはいるけれども、困っているから相談している……）

これでは、上司の独りよがりなアドバイスで、何も解決していません。「どういう状況なの？」「どうしたいの？」など、部下が思っていることを自由に話せる質問をしてみると、部下が何に困っているのかが見えてきます。

相談に来たとしても、自分で話して自分で解決策を見出す人は意外に多いものです。これも、上司の質問による悩みの解決です。

話を聴き、上司である自分にしかできないことがあったときには、例えば「早急に、関係部署に確認しましょうか？」と部下の意向を確認のうえ、上司自身が問題解決にあたります。

02 上司に相談しないのは、なぜ？

女性社員が上司に相談しない、しにくい理由はあるのでしょうか。以下、詳しく見ていきましょう。

自分でも決めきれないことだから、相談しにくい

会社で働いているのであれば、仕事と働き方は、会社や上司の方針に影響を受けます。だから、キャリアの相談、特に組織内でのキャリアの広げ方や働き方の変更、担当業務や異動希望の相談は、上司にするのが解決の一番の近道です。

ところが、キャリアコンサルタントとして女性の仕事や職場での悩みを聞いていると、「身近な上司に相談できたらいいのに、一人で頑張りすぎでは？」「その言い方をしたら真意が上司に伝わっていないだろうな」という相談が少なくありません。上司にプライベートなことを相談するなんて考えてもみなかったという人もいます。

多くの女性にとって、仕事と働き方は、結婚や出産、子育て、介護等のプライベートなことを含む悩みや迷いであり、自分でもどうなるのかが見えない、どうしたいかが決めきれないでいるからこそ、解決に直結する可能性が高い相手である上司であっても相談しにくいと感じてしまうことがあるのです。

プライベートなことだから、相談しにくい

女性社員が昇進をあきらめたり、会社を辞めるきっかけとして多いのは、妊娠・出産や子育てとの両立です。

ここでは、働いている女性のなかでも仕事と子育ての両立をしている女性に絞って見ていきます。

前項で紹介した調査で、仕事と子育ての両立に関する悩みや困りごとについて、最も相談しにくい相手として上司を挙げた人は、その理由として次のように回答しています。

上司に相談しにくい理由

1位　プライベートなことだから（36%）
2位　相談しても意味がないと思ったから（32%）
3位　相談したけれどもよい反応を得られなかったから（29%）
4位　忙しそうだったから（25%）
5位　相談できると思わなかったから（14%）

これらの回答から、**「上司に相談したくてもしにくい」「相談したら申し訳ない」**といった女性の気持ちが見えてきます。

- **1位「プライベートなことだから」、4位「忙しそうだったから」**
  ……仕事と子育てとの両立に関する悩みや困りごとは、プライベートなこと、たとえば女性自身の体調や健康、家族の話が含まれることもあり、それを職場に持ち込んでいいかどうか迷う気持ちがあります。
- **2位「相談しても意味がないと思ったから」、3位「相談したけれどもよい反応を得られなかったから」**
  ……フルタイムの男性中心で運営されてきたこれまでの組織の論理から考えると、自分の悩みは到底わかってもらえるとは思えないとあきらめている、もしくはわかってもらえなかった経験があった可能性があります。
- **5位「相談できると思わなかったから」**
  ……「両立（プライベートなこと）は相談すべきことではない」と思

い込んでいる人がいます。

上司に相談して解決できる悩みや困りごとと、解決できない悩みや困りごとはあります。ただ、仕事と子育ての両立をしながら仕事で貢献していく社員を増やしていくことは、人材不足の時代の喫緊の課題です。「悩みや困りごとがあることを理解し、会社・職場として支援できることを一緒に考える」ことが、働く人たちの生産性向上や退職防止に寄与するのです。

そのためには、女性社員に対して、「仕事と子育ての両立に関する悩みは、プライベートなものではなく、誰もが活躍できる、働きやすい職場づくりのための組織全体の問題である」ことを伝えておきます。また、女性社員が子どもの発熱で早退した翌日には「お子さんの熱は下がった？」等）など声をかけると、両立を応援している気持ちが伝わるでしょう。

必要な人材が相談なく辞めてしまうことを防ぐ

身近な上司なのだから率直に相談し、何らかの解決策を一緒に見出してほしいものですが、プライベートだからこそ相談しにくいという気持ちもわかります。なかなか上司に相談できない女性社員がいた場合、組織にとって必要な人材が、何の相談もなく辞めていってしまうことは防げないのでしょうか。

そのようなケースの対応として、守秘義務を守ることを条件に、次の３つの相談先を会社として検討することをおすすめします。

１つ目は、**人事部等に相談窓口を設ける**ことです。相談しやすいよう、相談担当者のプロフィール等を公開する、相談担当者が職場訪問し顔が見える関係をつくる、匿名での相談も可能にしておく、一般論としての問い合わせにも応じるようにする等、工夫するとよいでしょう。

２つ目は、**同僚、特に同様の経験をしたことのある女性社員同士のネットワークを活用した相談**です。上司には聞きにくいこと、相談しにくいことでも、お互いに気兼ねなく相談できます。

人事部等が管理するSNSを活用したもの、メンター制度（相談を受ける社員と相談する社員でペアをつくり、仕事上での悩み等を相談する制度）を活用したもの、女性活躍プロジェクトチームの活動の一環として相談会を運営する等、会社の規模や制度に合わせて運用するとよいでしょう。

３つ目は、**外部の相談機関（キャリアコンサルタント）の活用**です。外部の相談機関に相談することで、女性自身が所属組織のものの見方を離れたり、思い込みに気づくことで、客観的に自分のことを見つめることができます。また、組織内では得られない情報を得ることもできます。

会社として、相談業務を委託する外部の相談機関を探す方法として、キャリコンサーチがあります。キャリコンサーチとは、国のキャリアコンサルタント名簿に登録しているキャリアコンサルタントを検索するシステムです。どのような特徴があるのか、どのような相談が可能なのか等を確認することができます。

女性社員自身が個人で相談を申し込みたい場合には、キャリアコンサルタント試験の講習実施機関（厚生労働大臣認定）および関連団体で実施している、キャリアコンサルティング（キャリアカウンセリング）を紹介するとよいでしょう。

主な団体として、特定非営利活動法人キャリアカウンセリング協会、特定非営利活動法人日本キャリア開発協会、一般社団法人日本産業カウンセラー協会があります。

03 理解し合えない感覚はどこから生まれる？

仕事と子育ての両立に関する悩みや困りごとについて、最も相談しにくい人に上司を挙げている人が、「相談したけれどもよい反応を得られなかったから」と感じたのはどうしてでしょうか。

実際、相談の場面で女性社員の話を素直に受け止められない、違和感をもってしまうという管理職からのご相談を受けることがあります。

上司が女性社員の相談を違和感をもって聴いているとしたら、相談している女性社員も「理解されていない」「よい反応を得られていない」と感じることにつながってしまいます。

その背景には、**男性は組織軸、女性は個人軸（自分軸）**で考え、話す傾向があり、問題解決のアプローチに違いがあると私は考えています。

男性管理職と女性部下とのすれ違い

夫が単身赴任中でワンオペ育児に悩む女性からの相談を例に、話を進めます。

その女性は、子どもとの時間を大切にしたいという子育て観をもっていたため、残業時間には制約がありました。また、実家が遠く、親からの支援が日常的には受けられませんでした。

そのような状況のなかで新しい担当業務が加わり、慣れない業務への対応に時間を取られ、元々の担当業務にも支障が出ていました。

なんとか両立をして仕事でさらに貢献したいと考えていたその女性は、上司に何度も相談をもちかけました。上司の対応は、「新しい業務は前任の詳しい人に質問したらいい。子育てはベビーシッターをもっと活用したらどうか」と繰り返すばかりでした。
そうしたやり取りを繰り返すこと1年、その女性は結局、退職を選びました。

男性管理職と女性部下のすれ違いの根底には、何があったのでしょうか。男性管理職にとって仕事と子育ての両立とは「単なる時間配分の問題、効率の問題」であり、「仕事と子育ての両立は、悩み困っている女性自身が解決すべき問題」なので、上司である自分が積極的に解決に向けた支援をする問題ではないと思っていたのかもしれません。

一方、女性にとって仕事と子育ての両立とは「仕事で貢献したい、成長していきたい気持ち」と、「ワンオペ育児のなかで、子どもに寂しい思いをさせたくない気持ち」の折り合いの問題でした。近くに子育てをサポートしてくれる身近な支援者がいない孤独感との闘いでもありました。

上司に相談すればするほど、「孤独感」は深まっていったそうです。そして、「前任者に質問したらいい」と、上司に言われるままに前任者に相談はするものの、仕事と子育てへの気持ちの折り合いがついていない状態のため、一時的にベビーシッターを利用し、十分な仕事時間を取ること等、根本的な解決に取り組む覚悟は決まりませんでした。段々と職場内でも孤立し、退職するという選択をせざるを得ない状況に追い込まれてしまったのでした。

このケースでは、男性管理職は起きている問題に対して、組織の効率的・効果的配分をはじめとする「課題解決」に向けた話をしています。

仕事と子育ての両立がうまくいっていないことに悩んでいるという相談に対して、「ベビーシッターをもっと活用したらいい」「仕事での課題はこう取り組んだらどうか」等のアドバイスをするといった対応です。

一方、女性は、起きている問題に対して、組織としての「課題解決」に向け、どうしたらいいのかという結論は心の中にもちつつも、その前に「自分自身の気持ちの問題」の解消を必要としていたのでした。

こうした問題解決のアプローチの違いによって、相談・話し合いの始まりの時点から違和感やすれ違いが起こります。そして、協力関係を築かなければならない状況にもかかわらず、話し合いの時間を重ねれば重ねるほど、理解し合えない感覚が積み重なっていったのでした。

こうした感覚のズレが度重なることで、女性社員の退職を招いたり、女性社員が力を発揮できないことで女性社員自身だけでなく職場全体の士気が下がってしまったり、相互不信から職場の雰囲気が悪くなったり、協力する風土が失われたりするなど、企業としての経営リスクは増えていくのです。

では、問題解決のアプローチが違うという前提に立つと、管理職はどのような対応が考えられるでしょうか？

①理解する（聴く）姿勢をもつ

上司が女性部下の両立問題の解決には極力関わりたくないと思っているかような対応をしたことが、女性部下の上司に対する信頼感を下げ、職場や仕事に対する思いも下げていくことにつながっていきました。

もし上司が女性部下に、「仕事でも新しい挑戦をしたい、子育ても子どもの気持ちを第一に手を抜きたくない。どちらも大切にしたいからこそ、悩んでいるのでしょうね」と、声をかけていたらどうでしょうか。

女性部下は、上司が自分のこれまでの仕事ぶりを見てくれていたこと、今の仕事と子育てに対する思いを理解してくれていることを知り、職場での孤独感を感じることはなかったはずです。

②最善策を話し合い、決断を後押しする

両立の悩みは、あちら（仕事）立てればこちら（子育て）立たず。どのような塩梅がいいのか、答えはなく、常に迷いがあるものです。

でも、子育てへの思いを優先するのであれば、仕事が滞っている現状では一時的に担当を減らすしかないことは、女性部下もわかっています。

女性部下に何を期待して新しい業務を任せたのか、上司から再度伝えたうえで、女性部下に、現担当業務、新しい業務のどちらを、他のメンバーに代わってもらうかを選んでもらいます。

女性部下の将来に期待をかけて、「他のメンバーへの借りは将来に返せばいい」と励ますことで、女性部下の決断を後押しします。

この事例は、両立の悩みを個人の問題ではなく、職場の問題として扱うこと、管理職が女性部下の仕事に対する思いや子育てに対する思いに心を寄せ、聴く姿勢を示し、そのうえで解決に向けて動くことの大切さを教えてくれたケースでした。

04 相談される上司に求められる心得とは？

女性社員は、自分の意欲を感じ取り、育てようと関わってくれる上司だからこそ、その期待に応えていい仕事をしようとさらに意欲を上げ、また困ったときには相談しようと思うのです。

「意欲の高い女性社員は必ずいる！」と信じて関わる

皆さんの職場の女性社員は、働くことに対してどのように考えているでしょうか？　働く女性（子どもの有無を問わない）の意識を見てみましょう。

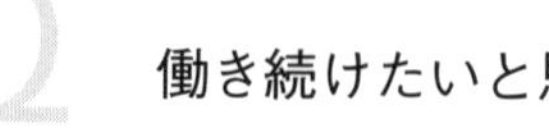

Q　働き続けたいと思っている？

A　「働き続けたいと強く思っている」……22%
「働き続けたいと思っている」……45%

Q　何のために働いている？（複数回答）

A　「お金を稼ぎたいから」……84%
「やりがいを感じたいから」……27%
「成長したいから」……15%
「社会の役に立ちたいから」……12%
「いろいろなことを知りたい」……11%
「子どもによい影響を与えたい」……10%

出典：「女性が仕事と子育てを両立するうえでの意識調査」（株式会社これあらた）2018年

私はこの調査結果を見て、「やはり」と納得しました。

女子大生の就職支援をするなかで、定年まで働き続けたい、管理職を目指したい、成長し続けたいという声が、ここ数年で確実に増えています。女性活躍の実績を上げてきている企業には、確実にこのような若手女性社員が育っています。

また、キャリアコンサルティングを行なうなかでも、社会にもっと貢献したい、自分のため、子どものために稼ぎたいと語る、意欲の高い中堅女性社員が一定数いるというのは実感するところです。

多くの女性が結婚・妊娠・出産退職をしている企業や、女性活躍推進はこれからという企業では、「うちの女性社員には、そこまで意欲的な人はいない」と思うかもしれませんが、**働き続ける意識、仕事で貢献する意識の高い女性は確実にいます**。

「うちの会社、女性社員が両立していける制度はあるけれども、誰も使わないんだよね」と言う上司は、大事な人材を逃しています。特に、周りの人に迷惑をかけたくないという思いが強い女性が、上司に相談することなく辞めてしまう事例に数多く出会ってきました。

たとえば、結婚や出産等のライフイベントにより働き続けることが難しくなると、自分が我慢することで、職場にも家族にも迷惑をかけずに済むと考えて、上司に相談することなく辞めてしまうのです。

このような問題解決のしかたは、波風が立たず一見問題がなさそうなのですが、会社にとっては、その女性社員を育ててきた労力や費用が無駄になります。何よりも、その女性社員が辞めなければ生み出してくれたはずの成果が得られなくなるのは大きな痛手です。

では、相談される上司は、意欲の高い女性社員をどのように見出しているのでしょうか？

すべての部下との会話・対話・育成を大事にする

「この人は」と思う女性部下を信じてきめ細かく支援していく地道な関わりが、挑戦する女性社員を増やしていく近道です。それには女性部下との「対話」が最も大切です。

しかし、特定の女性部下だけと対話を重ね、育成しても、貴重な女性部下を見落とす可能性があります。

たとえば、管理職が自分のメガネ（価値基準）を過信すると、１章２項で見たように、入社時は意欲が高かったにもかかわらず、やる気を失っている女性社員や、昇進に対する希望があってもそれを自分からは表明していない女性社員を見落とす可能性があります。

子育て中の女性部下に対しても、大変そうだから業務量は抑えめにしておこう等、管理職の思い込みだけで決めてしまうと、モチベーションを下げてしまうことがあるのです。

このように、貴重な女性部下を見落とさないために、すべての部下との対話を大事にする必要があるのです。

また、特定の女性部下だけを育成しようとすると、その女性部下と他の女性社員との関係性が悪くなり、職場での協力関係が崩れることもあるということを心にとめておくとよいでしょう。

参考として、私が実施している次世代管理職・リーダー研修の参加者のアンケート結果から「信頼できる上司」とはどのような上司かをご紹介します。

・仕事に対する思いをもっている
・いつも見てくれて声をかけてくれる
・公平、平等に接してくれる
・部下のせいにしない

・豊富な知識と経験をもとに教えてくれる
・親身に相談にのってくれる
・失敗をしてもいいから挑戦しようと言ってくれる

上に挙げられているように、部下はすべての部下と公平、平等に接する上司を信頼しています。次のOK例のように、部下との会話・対話・育成に向けた日常的な関わりがあるからこそ、ここぞというときに相談しやすくなるのです。

\OK/

・表情や様子から気になることがあればすぐに声をかける
「何かあった？」

・報告を待つだけでなく上司から声をかける
「この前の案件、どこまで進んでいる？」

・成長に向けて話し合う
「この前のミス、あなただけではなく部署の課題だから、どうしたら防げるかを今度話し合う時間を取りましょう」

05 相談される上司に求められる日常の関わり方とは？

管理職として日常的にどのようなことを心がけて関わると、女性部下は困ったり悩んだりしたときに相談しようと思うのでしょうか。

１つ目は、聴く姿勢をもって関わることです。２つ目は、率直に関わることです。３つ目は、一緒に考え、解決する姿勢で関わることです。詳しく見ていきましょう。

聴く姿勢をもって関わる

女性部下の話を聴く必要があるのはなぜでしょうか？　それは、「働くこと、人生に対する価値観が多様化している」「事情や状況は人それぞれに異なり、その時々に変化する」からです。

日頃から、聴く姿勢をもっておくことが、女性社員が深い相談をしてみようという気持ちの後押しになるのです。

管理職研修で、部下との面談ロールプレイングをやる前に、「管理職役の方は聴き役に徹してください。話す割合としては、管理職役は相づちや質問を中心に２割･部下役８割を心がけてください」と説明します。

いざ始まってみると、管理職役の方が話す、話す、話す。「管理職役が熱心に話をしていて、部下役が伏し目がちに聴いている」というのが、よく見られる光景です。

管理職役の皆さんの様子からは、管理職として部下の役に立ちたいという気持ちを感じます。でも、話すより前に、まず部下の悩みや上司に求めていることを聴いて、理解することが大切なのです。

では、聴く姿勢をもつとは、具体的にどのようにしたらよいのでしょうか？

・**ブロックせずに聴く**
……「女性ことはよくわからない」という意識から聴くことをブロックしてしまうのではなく、「よくわからないから、よく聴いてみよう」という意識に変える。
・**評価せずに聴く（NG「あなたの言っていることはおかしい」）**
……自分の価値観や常識、経験を離れて（そこに照らしておかしいと感じたとしてもいったん脇に置いて）、相手がどうしてそのように考えているのかを理解するために聴く。
・**一般化せずに聴く（NG「よくあるよね」）**
……状況は似ていても、「同じだな」とひとくくりにして思考停止せず、一人ひとりの気持ちや状況は異なるということを念頭に置いて聴く。
・**アドバイスせずに聴く（NG「こうしたらいいよ」）**
……役に立ちたいのであれば、すぐにアドバイスするのではなく、相手の事情や状況を理解することが先です。
　また、アドバイスは相手が必要としているときにしない限り、受け入れられることはありません。相手がアドバイスを聞く準備ができているか、「私の経験からアドバイスしてもいいですか？」と確認するとよいでしょう。そして、「私は○○と思いますが、どう思いますか？」など、そのアドバイスを相手がどう思うかを確認すると、より相手の考えが理解できるでしょう。

忙しいので聴くのは難しい状況はとてもよくわかります。でも、聴かなかったことでやる気の低下や退職につながってしまうとしたら、逆にさらに時間と労力を取られてしまいます。
部下が抱える問題を解決していくために、まずは相手の話を聴いてから、どうしていくとよいかを話し合っていくとよいでしょう。

率直に関わる

ハラスメントに関する報道が活発になり、ハラスメントはやってはいけないことという意識が高まったのはよいことなのですが、逆に「ハラスメントと言われてしまうのが怖いから、言いたいことが言えない」という悩みを管理職から聞くようになりました。

でも、"当たらず触らず"という空気は、なんとなく伝わるものです。その場合、部下からすれば、何か言いたそうなのに、なんで言ってくれないのだろうかと感じていることが多いのではないでしょうか。

自分に対して管理職が何も言ってくれないのは期待されていないからかもしれないなと部下が思うと、心理的な距離が広がってしまいます。そのような状況では、わざわざ相談しません。

管理職として、女性部下に対して気になることや組織全体から見ておかしいと感じたことは、隠さず、溜め込まず、できるだけ早く、率直に伝え、指導することは業務上必要なことです。

決めつけるのではなく、「事実＋疑問形」で伝え、聴く姿勢をもって率直に伝えるとよいでしょう。

\OK/

「最近、以前と比べて業務に時間がかかっていることが気になっているのですが、一度話を聴かせてもらえませんか？」

さらに、よかったことについても、できるだけその場で具体的に伝えると、女性部下に関心をもって育てようとしていることが伝わります。

\OK/

「この議事録、短時間で簡潔にできていますね。引き続き、議事録はこのくらいの精度で、できるだけ早い回付をお願いします」

一緒に考え、解決する姿勢で関わる

キャリアコンサルティングの面談をしていて感じることは、女性は「具体的な相談になる前の小さな気がかりも含めて、とりあえず話してみる」傾向があるということです。

ちょっとした雑談のなかで聞いたことでも、相談されたわけではないからといってそのままにせず、「この前聞いた○○、どうなった？」「その後どう？」と、管理職から声をかけると女性部下も相談しやすくなりますし、大きな問題に発展する前に対処することができます。

また、管理職としては、業務のことであればよくわかるし的確なアドバイスができるけれども、仕事と家庭の両立や、それにともなうキャリアの悩みはプライベートの事情や本人の価値観にも関わる相談であり、苦手意識をもつ方も少なくありません。

「自分で考えて決めて」「他の先輩女性に相談してみて」などと、管理職自身が相談されることを避けていると受け取られかねない対応をしていては、ますます女性部下は相談してこなくなります。

確かに、そういった相談はその女性社員固有の事情が絡む問題です。一方で、こういった相談は、誰もが活躍できる、働きやすい職場づくりの観点から、職場全体の問題でもあります。

管理職も一当事者として、女性部下と一緒に考え、解決していく姿勢を言葉にして伝えることが大切です。

＼OK／

「私は、○○さんにこのような期待をしています。聴かせてもらった内容は、他の女性にとっても、考えておくべき大切な内容だと思います。私もどうしたらいいか情報収集をしてみますので、来週、もう一度あなたの考えを聴かせてもらえますか？」

06 相談対応、こんなときどうする？

本章の最後に、日常や相談対応時によくあるQ&Aをお伝えします。

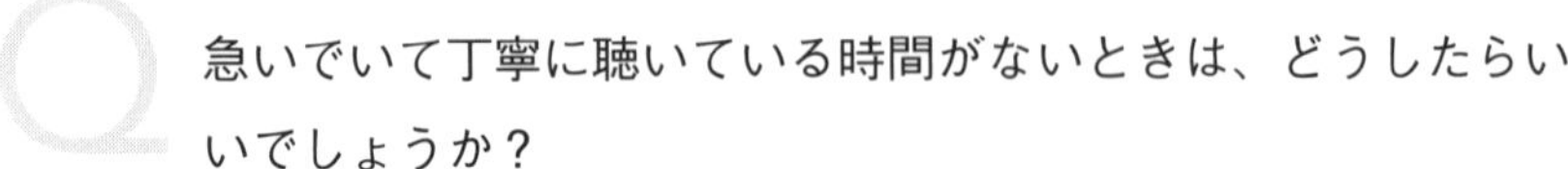

Q 急いでいて丁寧に聴いている時間がないときは、どうしたらいいでしょうか？

男性部下には「後でいい？」と言うのに、女性部下には、「そんな言い方ではきつすぎるのではないか？」と遠慮してしまう管理職がいます。

女性部下からすれば、自分だけ（もしくは女性だけ）に気を使われていることに気づいていますし、男女で対応が違うということに違和感をもっています。**部下を性別で区別せずに、同じ対応してほしいと思っている女性社員は多い**ものです。

少し丁寧に伝えたいのであれば、次のような伝え方もあります。

OK

①理由を伝える
「○○（急いでいる理由）なので、何の相談かだけ聞かせてもらえますか？」

②約束をする
「外出から帰ってきたら15分時間が取れるので、そのときに詳しく聞かせてもらえますか？」

話を聴いていたら泣き出してしまって困ったのですが、どうしたらよかったのでしょうか？

私もキャリアコンサルティングのなかで、相談者の女性が泣き出してしまった経験があります。

もちろん、私の伝えるタイミングが早かったり、伝え方がきつすぎて傷つけてしまったこともあったかもしれませんが、そうではないケースも多々ありました。

泣くことは溜め込んでいた感情を洗い流す効果もあるので、必ずしも悪いことではなく、泣かせてしまった！　と焦る必要はありません。**泣いている背景に意識を向けることが、相手の理解につながります。**

特に男性管理職は女性の涙が苦手という方が多いようですが、まずは次の３つのポイントを心にとめて備えるとよいでしょう。

①ティッシュを常備しておく

……相談に使用する机に、常時、ティッシュの箱を置いておくと自然です。

②泣き出してもあわてない

……なぜ泣いているのかがよくわからない場合には、「私の伝え方で、何か気になることがありましたか？」と聞いてみます。

③一方的に話し続けない

……一番避けたい対応は、女性社員が泣き出したことにあわててしまい、一方的に話し続けることです。「落ち着くまで待ちましょうか」と伝えて静かに待っていると、大抵は相手から話し始めます。

②③の質問で相手を傷つけるような言動をしていないと判断できた場合には、次の２つの可能性を検討します。

・自分の気持ちに改めて向き合った結果の涙

話をしていくうちに、昔のことを思い出した、自分ができないことを不甲斐なく思った、上司が任せてくれないことがくやしいなど、自分の気持ちに改めて向き合ってわいてきた感情から泣いている。

⇒落ち着くまで待って、向き合っている気持ちに寄り添い、話を促す。

【例】「努力しているのに相手に伝わらないのは悔しいですね」

……悔しい気持ちを聴いた後、解決に向けて必要なことを一緒に検討していく。

・理由がわからない涙

本人は「なんで泣いているのだろう？」と言っていても、涙が止まらない。

⇒落ち着くまで待って、涙の背景にある気持ちに寄り添い、話を促す。

【例】「何か気になっていることなどがあるのでしょうか？」

……気になっていることなどを聴いた後、それをどう乗り越えていくのかを一緒に検討していく。

沈黙があると落ち着かないのですが、どうしたらいいでしょうか？

沈黙に意識を向けるのではなく、**沈黙している背景に意識を向けるこ**とが、相手の理解につながります。

①もうあなたには話したくない。②考え中である、のいずれかですが、一般的には②の考え中でしょう。

もし自分が考えている最中に、相手からあれこれと話しかけられると嫌ではありませんか。沈黙は、悩みや問題を解決するために大切な時間です。

10秒ほど待ってみてから、次のような言葉で現状を確認します。

\OK/

- 「もう少し待ったほうがいいですか？」
- 「まとまっていなくても、今、頭のなかにめぐっていることをそのまま話してもらっても大丈夫ですよ」
- 「もしかして、○○で迷っていませんか？」

話が堂々巡りになってしまうことがあるのですが、どうしたらいいでしょうか？

一般的な面談は30分～60分で設定します。

堂々巡りになってきたら、いったん、これまで話した内容を整理し、次のように考えを整理する切り口を提示したうえで、次回の相談日時を決めて終了するとよいでしょう。

\OK/

- **今にこだわりすぎている場合は、時間軸をずらす**
  （例）「１年後のあなたはどう考えるでしょうか？」
- **自分のことだけにこだわりすぎている場合は、同僚、お客様など、視点をずらす**
  （例）「同僚のＡさんには、現状はどのように見えるでしょう？」
- **一般論に終始している場合は、焦点を絞る**
  （例）「あなたがこの役割を担っているとしたら、どうですか？」

以上、相談対応時によくあるＱ＆Ａを紹介しました。次章からは、女性部下の悩みや相談別に、より具体的な対応策をお伝えしていきます。

3章

対話を通じて成長支援するキャリアのQ&A

意欲的に取り組んできたはずの女性社員が「リーダーはできない」「担当業務を変わりたくない」等と言うのはなぜでしょうか。女性の心理的な背景も踏まえて、管理職としてどのように対話をし、成長を支援していくことができるのかを見ていきます。

01 リーダー候補の社員が守りに入ってしまうのは、なぜ？

Q　6年目の女性社員、事務チームのサブリーダーです。そろそろリーダーを任せてみたいと考え、話したところ、「将来的に結婚を希望しているので、リーダーはできません」と言っています。
将来的というので、「すでに予定は決まっているのですか？」と聞いたところ、「まだ結婚の予定はありません」と言います。
予定が決まっていないのに、なぜ今から自分の可能性を狭めるようなことを決めてしまうのでしょうか？　考えてみてもよくわかりません。

まだ起きていない未来のことが心配で、現時点での仕事に制限をかけている事例です。結婚・妊娠・出産・子育て、介護など、先々のことをあれこれと思い悩み、守りに入ってしまうことは、女性の相談では珍しいことではありません。

特に、仕事と子育てとの両立に苦労している女性社員や苦労の末に辞めてしまう女性社員が多い企業の場合、**将来への不安から防衛的になる**ことがあります。両立しやすい職場づくりがある程度進むまでは時間がかかり、女性部下に挑戦を促す管理職の苦労は重なりますが、ここは丁寧に話を聴いていきます。

＼NG／

「そんな先のことを心配したって、しかたがないですよね」

忙しさのあまり、こんな風に言ってしまう管理職の気持ちは理解できます。でも、上司から「心配してもしかたがない」と自分の考えをいきなり否定されたら、上司は話を聞く気がないのだろうと感じるのではないでしょうか。

そうなると、「私はそう思いません」と頑なに否定したくなり、「思う」「思わない」の繰り返しで、女性部下と管理職はいつまでも平行線です。

このようなケースで管理職に求められることは、多様な考え方をまずは受け止め、相手の立ち位置から物事を考える姿勢です。

管理職が「これまで男性部下はそのようなことを言ってきたことはなかった。女性は仕事に家庭のことを持ち出すなど仕事に対して甘えている」と、自分の価値観から女性部下に対して否定的な気持ちが湧いてきたとしても、それはいったん脇に置いておきます。

次の対応例のポイントは、不安解消です。女性部下の不安を受け止めたうえで、不安を解消するためにも新しい役割に挑戦する意味を伝えています。さらに、うまくいっている両立経験者の紹介や、会社が一緒に考える姿勢を伝えることで、両立への不安を減らす関わりをしています。

＼OK／

①女性部下の不安を受け止める

「将来的な仕事と家庭の両立が心配なのですね。身近に苦労しているＡさん（先輩女性社員）を見ていると、いろいろと心配になるのかもしれませんね。具体的にどんなことが心配なのですか？」

②管理職の考えを、一つの案として提案する

「まだ予定がはっきりと決まっていないのであれば、新しい役割や業務を自分のものにすることで、対応力を上げておくことが大切だと私は思いますが、どうですか？」

③女性部下にとってのメリットを伝える

「そうすれば、将来、パートナーの転勤や家族の事情で実家に戻る必要が出たときなどにも、異動先の選択肢が増えます。
また、将来、仕事と子育てを両立するときでも、仕事を効率よく進められたり、社内ネットワークが広がっていれば相談できる人が増えます」

④両立をしている先輩女性（ロールモデル）を紹介する
「□□さん（先輩女性）を紹介するので、話を聞いてみたらどうですか？」

⑤女性部下の不安に応える
「会社としても、両立経験者に意見を聞きながら、両立しやすい組織づくりに取り組んでいます。将来、両立が難しい状況になったら、そのときは一緒に考えていきましょう」

子育てもキャリアの一つである、仕事に活かせる能力を伸ばすこともできるという話は、私もその通りだと思います。一方で、仕事でしか伸ばせない能力や経験は確実にあります。

ライフイベントが働き方へ影響することが多い女性社員にとって、**仕事に集中できる時期にはしっかりとチャンスを活かし、挑戦していく**ことが、特に大切です。

上司として、今後のキャリアのために、今、仕事をやりきっておくことが大切であることなど、「今が踏ん張りどきだよ」と、ぜひ伝えてほしいと思います。

女性社員を貴重な戦力として育てていく必要がある今、女性社員に、まだ起きていない未来、起こるかわからない未来のへ不安があるなら、それを取り除く話し合いを持ち、挑戦への橋渡しをすることが管理職に求められています。

COLUMN

女性は辞めてしまう可能性があるから、育てるのはムダ？

Ａさんは、入社10年目に配偶者の転勤と妊娠が重なり、退職を決意しました。Ａさんの会社生活の10年間は、非常に充実したものでした。

入社３年目でOJT担当者に任命され、以来３人の後輩を育てました。また、入社６年目で、全社の営業システムの新規導入があり、そのプロジェクトのサブリーダーとして、問い合わせ対応マニュアルの作成、全国の営業所への出張もこなしました。女性管理職候補としても名前が挙がるなかで、残念ながら退職となりました。

Ａさんの上司は、男女で区別することなく、成長の機会を部下に与える人でした。「役割は人を育てる」。よくＡさんにそう言っては、さりげなく困っていることはないかと聞いてくれる上司でした。

Ａさんは退職を選ぶことになりましたが、10年間で会社に残した最大の成果は、管理職の意識を変えたことです。Ａさんが、「女性でもチャンスがあれば、成果を上げられること」を周囲に示したことで、女性の後輩たちにもチャンスが回ってくる機会が増えたのでした。

将来的には、再雇用で戻ってきてもらいたいと、期待されているＡさんです。

02 希望の異動に難色を示すのは、なぜ？

Q 女性のロールモデルとして活躍してほしいと期待する入社7年目（29歳）の女性総合職に、転居をともなう異動の内示をしたら、「結婚の予定があるので考えさせてほしい」と言っています。本人としては、そろそろ結婚を考え始めていたタイミングだったようですが、まだパートナーとは相談していないとのこと。
彼女の希望と成長課題から考えても、またとないチャンスなのに、何を迷っているのでしょうか？

総合職として入社し、入社以来ずっと、より成長していきたいと意欲的に仕事に取り組んできた女性部下の事例です。

女性社員の転勤の場合、夫も転勤希望を出す例や転職する例は、まだ少ないのが現状です。

この現状から、女性社員の転勤によって、結婚と同時に別居状態になる可能性が高いのが一般的です。特に出産も希望している場合には、**転勤による精神的・時間的な負荷から、妊娠をあきらめざるを得ないかもしれないと迷う**のは理解できるでしょう。

このケースでは、女性部下は、自分のライフプランやキャリアプランで大切にしたいことや、結婚や妊娠に関連して会社に配慮してほしいことを事前に相談していませんでした。

そのため、次の対応例では、女性部下に対する期待を伝えたうえでパートナーと話し合うことを促し、決断を待つ関わりをしています。

＼OK／

「結婚を考え始めたタイミングだったのですね。
今回の異動は、入社以来の希望が実現したものですし、会社として○○さん（女性部下）に××という期待をもっている証とも言えると私は思います。
もう一度、この異動の意味を自分なりに考え、将来のことをパートナーとぜひ話し合って、３日以内に結論を出してください」

30歳前後で独身の女性社員の場合、結婚、妊娠、出産といったライフイベントを前に、仕事でのキャリアに対する迷いが大きくなるケースはよくあります。特に、出産を希望している場合には、年齢を重ねるごとに、卵子の数の減少、質の低下により、妊娠しにくくなる、高齢出産では流産率が高くなるなどの統計もありますので、妊娠適齢期（一般的には35歳頃まで）とキャリアで迷う人が多いのです。

会社としては、男女の別なく異動を提示していくことはもちろんのこと、女性のライフイベント（特に、妊娠・出産）によるキャリアへの影響を考え、可能な範囲で、より早期に異動を含む成長機会を提示していくことを、女性活躍推進の選択肢の一つとしてもっておくことが望ましいでしょう。

03 新しい業務に抵抗感があるのは、なぜ？

Q 高く評価している女性部下に異動で幅広い経験を積んでもらいたいと思っているのですが、意向を確認すると、「今の仕事で専門性を高めていきたいので、希望しません」「私はサポートが向いているので、事務以外は考えられません」など、新しいことに挑戦しようとしない人がいます。
このような人には、どのように働きかけたらいいのでしょうか？

管理職に女性社員のマネジメントで困っていることをヒアリングすると、「言われたことはきっちりやるけれど、積極性に欠ける」という評価を聞くことがあります。

事例のような発言を聞くと、やはり女性は積極性に欠けると判断し、成長のチャンスを二度と与えようと思わない管理職もいるでしょう。

このような女性社員に次のＮＧ例のように「会社の方針だから」という理由で挑戦を促しても、気持ちが変わることはまずありません。

＼NG／

「会社の方針として、女性にもいろいろな業務を担当してもらおうということなのですが……」

では、女性が今の業務や経験から離れようとしない、新しいことに挑戦しようとしないように見える背景として、どのような可能性があるのでしょうか。

それは、「リスクを取ることに対する許容度」です。女性は男性に比べて、リスクを取ることを好まない傾向があることが社会心理学で示されています。

異動した場合、今の職場・職務と同じような成果を上げられるか、異動先で自分が必要とされるかどうかはわかりません。それが女性部下にとって、**新しい一歩を踏み出すリスク、抵抗感につながっている**可能性があります。

この場合、女性部下が感じているリスクや抵抗感を軽減する言葉かけが有効です。

次の対応例では、女性部下の知識・スキル・経験が、「他の業務でどのような成果を出すために役に立つか」「他の業務をすることで、誰の（どの範囲の人の）役に立てるのか」を、管理職が具体的に説明することで、リスクが小さいことを伝えています。

\OK/

「たとえば、Aという業務であれば、○○さん（女性部下）の××という経験が強みになると思います。また、Bという業務であれば、サポート経験がある○○さんだからこそ、これまでにはなかった視点でよりよいやり方が提案できますし、それが今の職場の人たちを始めとして、多くの人にも喜ばれると思います」

これまで、女性社員の異動がほとんどなかった企業においては、女性社員の異動に対する心理的抵抗感を減らす職場体験などの取り組みも有効です。たとえば、いくつかの代表的な業務を選び、女性社員が短期間その業務を体験的に経験する機会をつくるような取り組みもあります。

04 評価面談でどのように考えを引き出したらいい？

Q 新しい評価制度ができて、女性部下と評価面談をしたら、「普通に当たり前のことをやってきただけです」と言うので、評価しづらく、結局「普通」という評価しかつけられませんでした。
人事からは、女性をきちんと評価するようにと言われているのですが、どのように関わっていったらいいのでしょうか？

女性部下が「当たり前のことをやってきただけ」と言ったのは、自分の業務をどう表現したらいいのかわからなかった可能性があります。管理職は次のような質問をして、行動や考えを具体的に聞いていきます。

\OK/

- 「○○さん（女性部下）の当たり前にやっていることを具体的に教えてほしいのですが、Aの業務で心がけていることはどんなことですか？」
- 「心がけているからこそ、必ずやってきたこと、新たに工夫したことはどんなことですか？」
- 「“チームワーク”に関して、やってきたことはありますか？」
- 「(「ない」という答えに対して）私は、○○さんはいつも××をしてくれていて、それは“チームワーク”を意識した行動として評価できると思いますが、どう思いますか？」

このように、評価面談で女性部下から説明してもらうことで、自分自身の人事評価に対する納得感を高め、自信にもつながります。

なお、人事評価を絶対評価にしている（たとえば、A、B、Cランクごとに何人ずつという枠がない）場合で、もし女性の評価ランクだけが“真ん中”か“下”に集中している組織は、評価面談が形だけの実施になっている、もしくは女性が育っていない可能性があります。上記と同様に、管理職から女性社員に、日常業務について具体的に質問していくとよいでしょう。

そのためにも、管理職として、日頃から女性社員の仕事ぶりをよく“観察”し、具体的にどんな場面で、どのような力を発揮していたのかなど、評価や課題を言葉で伝えられるようにしておくことが大切です。

COLUMN

頑張っていれば、誰かが評価してくれる？

「頑張っていれば必ず誰かが気づいて、評価してくれる」——このように思っている女性が多い。ドイツの心理学者ウーテ・エーアハルトは『誰からも好かれようとする女たち』（講談社）のなかで、これを“モナリザ・シンドローム”の一例として紹介しています。

ここでいう評価の一つが、「頑張っているね」「ありがとう」「助かるよ」といった言葉で、いわば「非金銭的報酬」です。

もちろんうれしいものではありますが、会社で働いているのであれば、金銭的報酬につながらないと不満がつのります。頑張っているなら、自分でどう頑張っているか伝えないと、金銭的報酬には結びつきません。それぞれの努力を公平に、金銭的報酬に換算する方法が、評価制度です。

部下が「私はこんなに頑張っているのに……」と言っているときには、「どのように頑張っているのか、その努力は会社が求めているものなのか、その努力は組織の目標達成につながっているか」を評価制度をもとに話し合うとよいでしょう。

05 ビジョンや目標は本当にないのか？

Q 女性社員に「３年後どうしたいか」と聞いても「わからない」とか「今のままでいいです」と答える人がいます。
普通は、「もっとこういう業務を担当してみたい」「リーダーを目指したい」など、目標があるものではないのでしょうか？

必ずしも、**目標・キャリアビジョンが語れない＝やる気がないというわけではありません**。女性社員の場合は特に、目の前の業務には一生懸命であることが多いのです。

では、このケースのように、女性社員が目標やキャリアビジョンを描き、それを表明することを阻んでいるものは何でしょうか。

１つ目は、本章１項で紹介したように、**結婚・妊娠・出産・子育て、介護など、先々のことをあれこれと思い悩み、動けなくなったり、守りの姿勢に入ってしまっている**可能性です。

本人からは言い出さないけれども、何かありそうだと感じたら、次のような投げかけをすると、本人の考えが聞けるかもしれません。

＼OK／

「差し支えなければ聞かせてほしいのですが、プライベートでは何か気になっていることはありますか？」

上司に対する信頼感があれば、「つきあっている人が転勤して半年、そろそろ結婚しようという話が出ていて、仕事が続けられるのかどうか……」といったプライベートの話をしてくれることがあります。

そのようなプライベートに変化の可能性があるなら、なおさら、本章1項を参考に、次のような質問を投げかけ、話し合いながら、目標をもってやりきる大切さを伝えるとよいでしょう。

・今の担当業務のなかで、今、仕事を辞めたら、やり残したと感じる業務はありますか？
・今の担当業務にこだわらず、やらずに辞めたら、やってみたかった、挑戦してみたかったと心残りがある業務や役割はありますか？
・20年後のあなたが、あのとき、あきらめずにやってよかったよと言っているとしたら、どんなことに挑戦したからだと思いますか？

２つ目は、女性自身に**「女性は控えめでなければならない」という思い込みがある**可能性です。

たとえば、目標やキャリアビジョンを伝えるのは、自分をアピールするようで憚られるので謙遜してしまう、つまり、大したことをしていない自分が、そんなことを言ったらどう思われるかわからないから、言うのをやめておこうと思うなどです。

社会心理学でも、「謙虚さ」や「控えめな態度」が女性らしい行動とされ、それにそぐわない言動は周囲から否定的な評価を受けがちであることが確認されています。たとえば、はっきりと自己主張する男性は頼りがい・リーダーシップがあると好意的な評価をされるのに、同様の女性はでしゃばりだと否定的な評価をされることです。

小さい頃からそのような評価を受け、会社でもそのような評価を受けていると、「控えめでいること」を無意識に選んでしまう女性もいます。

私がキャリアコンサルティングで出会う女性のなかにも、「周りの人が自分のことをどう思うか、周りの人が必要としてくれるかどうかを気にしている。挑戦は、周りの人が認めてくれたらする」という人たちがいます。

このケースのような場合、管理職が女性部下の評価しているところを伝えて、女性部下の考えを引き出していくアプローチがあります。

\OK/

「〇〇さん（女性部下）は、常にリーダーをさりげなくカバーしたり、困った人がいたらサポートできるように段取りもしっかり考えていて、勉強もし続けていますね。
みんな、とても頼りにしています。ぜひ２年後には、正式なリーダーを任せたいのですが、それを目標にしてみることについては、どう考えますか？」

女性部下が、２年後、リーダーになることを目標にしたい、それはちょっと無理かもしれない、いずれの考えであっても、次のような質問を投げかけ、リーダーになったときに、本人の支えとなるリソース（経験、人等）を考えてもらうとよいでしょう。

・もしリーダーとなったとしたら、これまでの経験で役に立ちそうだと思うことはありますか？
・もしリーダーになったとしたら、どんなリーダーになっていると思いますか？
・もしリーダーに向いていないとしたら、どんなところが向いていないと思いますか？
・もしリーダーとなったら、あなたを応援してくれると思える人はいますか？

COLUMN

目標と価値観

目標が思い浮かばないという人に、「仕事をするうえで大切にしていることはありませんか？」と質問すると、答えられることがあります。

たとえば、

- **成長し続けたい**
- **専門性を深めていきたい**
- **自分なりの改善や工夫をしていきたい**
- **地道に努力を重ねたい**
- **リーダーよりも人を支える役割を果たしたい**
- **人の役に立ちたい**

このような大切にしたいこと（価値観）をまず先に聞き、そこから具体的に、どのような役割や業務・やり方であれば、その価値観が実現できるのかを話し合っていくと、最終的に目標が描けることがあります。

4章

知って備えてあわてない妊娠のQ&A

出産前に就業していた女性の47%が、第一子出産で退職するという事実。
妊娠・出産は、女性部下が仕事を続けられるかどうかの第一の難所です。
ある日突然の相談に、あわてずに対応できるように備えておきましょう。

01 妊娠報告を受けたら？

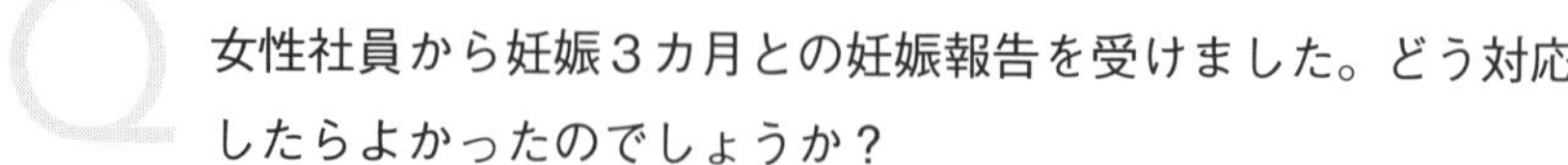

女性社員から妊娠３カ月との妊娠報告を受けました。どう対応したらよかったのでしょうか？

最近は、どこの職場にも妊婦や産休・育休中の女性社員がいるという会社もあり、妊娠報告に慣れている管理職も増えていますが、初めてだったり、久しぶりだったりするとあわてしまうのも無理ないことかと思います。

次のＮＧ例は、間違っているわけではないのですが、業務に支障をきたさないための対応としては不十分です。

NG

「それはよかったね。無理しないように気をつけてください」

本人の体調と仕事に対するモチベーション、プライバシーに配慮しつつ、業務で支障が出ないように対応します。

一方的に業務を減らしたり担当替えを提案するのではなく、本人の考えや意向をまず聴き、尊重します。仕事の質を落とさないために周囲で協力していくことを伝え、プライバシーには十分配慮しましょう。

継続的に話し合いをしながら、体調に合わせて業務分担や働き方も見直していくために、定期的に面談を行ないます。

\OK/

①気づかう

「おめでとうございます。早めの報告をありがとうございます」

②確認する

「体調はどうですか？　急な体調変化があるかもしれませんので、くれぐれも無理をしないようにしてください。
今の時点で仕事で不安に思っていることはありますか？」

③提案する

「今後も、仕事や働き方を一緒に考えていきましょう。気になることがあれば、小さなことでも、まずは相談してください」

④指示する

「ご自身の業務をいつでも引き継げるように整理を始めてください。また、健診などのための休暇予定や体調変化があったときは早めに相談してください」

⑤確認する

「私からは職場のメンバーには口外しませんのでご安心ください。必要に応じて、ご自身で報告するか、私から伝えるほうがよければ言ってください。
今後の手続きにも関係しますので、担当部署（人事や総務等）への妊娠報告は、早めにしてください」

⑥指示する

「では、来月の○日に次回の面談を予定しておいてください。そのときに、出産予定日、産休・育休をどうしたいか聞かせてください。私としては、ぜひ仕事を続けてほしいと思っていますので、ご家族ともよくご相談ください」

面談終了後、「母性健康管理指導事項連絡カード」と「健康診査・保健指導申請書」を渡し、健康管理に努めること、および体調不良の場合はすぐに相談するように伝えます。

法令　**男女雇用機会均等法**

男女雇用機会均等法第13条では、「妊娠中及び出産後の女性労働者が、健康診査等を受け、医師等から指導を受けた場合は、その女性労働者が受けた指導を守ることができるようにするために、事業主は勤務時間の変更、勤務の軽減等必要な措置を講じなければなりません」と定めている。これに基づき、1．妊娠中の通勤緩和　2．妊娠中の休憩に関する措置　3．妊娠中又は出産後の症状等に対応する措置を事業主として講じなければならない。

主治医等から通勤緩和や休憩などの指導内容があれば、女性社員自身に口頭で申し出てもらうか、「**母性健康管理指導事項連絡カード**」を主治医等に記入してもらい、提出するように伝えておきます（図08参照）。

このカードは診断書に代わる正式な書類である旨、厚生労働省より病院や事業主等に指導されています。厚生労働省委託母性健康管理サイト「女性にやさしい職場づくりナビ」や厚生労働省のホームページ、母子手帳にも書式が掲載されています。

なお、法律に定められたものですので、管理職として申告内容もしくはカード記載内容に応じて必要な措置を取らなければなりません。

必要な措置による休暇や労働時間減が発生した場合、有給とするか無給とするかは、会社の規定によります。無給とされている場合に、女性労働者が自ら希望して年次有給休暇を取得することは問題ありません。

法令　**男女雇用機会均等法**

（1）保健指導又は健康診査を受けるための時間の確保（法第12条）

事業主は、女性労働者が妊産婦のための保健指導又は健康診査を受診するために必要な時間を確保することができるようにしなければなりません。

※健康診査等を受診するために確保しなければならない回数

・妊娠中

妊娠23週までは４週間に１回

妊娠24週から35週までは２週間に１回

妊娠36週以後出産までは１週間に１回

・産後（出産後１年以内）

医師等の指示に従って必要な時間を確保する

「**健康診査・保健指導申請書**」は、妊産婦のための健康診査等にともなう休暇申請に活用することができます（図09参照）。この申請書は、厚生労働省委託母性健康管理サイト「女性にやさしい職場づくりナビ」に書式が掲載されています。

女性部下から申し出があった場合、法律で定められたものですので、勤務時間のなかで健康診査等を受けるために必要な時間を与えなければなりません。ただし、業務の都合等により、やむを得ず通院日の変更が必要な場合には、女性部下が医師等に相談したうえで本人が希望する日に調整を依頼することは問題ありません。

この休暇を有給とするか無給とするかは、会社の規定によります。無給とされている場合に、女性労働者が自ら希望して年次有給休暇を取得して通院することは問題ありません。

厚生労働省委託母性健康管理サイト「女性にやさしい職場づくりナビ」に、「**産休・育休はいつから？　産前・産後休業、育児休業の自動計算**」が掲載されています（https://www.bosei-navi.mhlw.go.jp/leave/）。

出産予定日を入力し、表示された画面（図10参照）を印刷して、産休・育休のスケジュール確認のために提出してもらってもよいでしょう。

図08 母性健康管理指導事項連絡カード

母性健康管理指導事項連絡カード

令和　　年　　月　　日

事 業 主 殿

医療機関等名……………………………………

医師等氏名……………………………………印

下記の1の者は、健康診査及び保健指導の結果、下記2～4の措置を講ずることが必要であると認めます。

記

1. 氏 名 等

氏名		妊娠週数	週	分娩予定日	年　　月　　日

2. 指導事項(該当する指導項目に○を付けてください。)

症状等			指導項目	標準措置
つわり	症状が著しい場合			勤務時間の短縮
妊娠悪阻				休業(入院加療)
妊娠貧血	Hb9g/dl 以上 11g/dl 未満			負担の大きい作業の制限又は勤務時間の短縮
	Hb9g/dl 未満			休業(自宅療養)
子宮内胎児発育遅延		軽 症		負担の大きい作業の制限又は勤務時間の短縮
		重 症		休業(自宅療養又は入院加療)
切迫流産(妊娠22週未満)				休業(自宅療養又は入院加療)
切迫早産(妊娠22週以後)				休業(自宅療養又は入院加療)
妊 娠 浮 腫		軽 症		負担の大きい作業、長時間の立作業、同一姿勢を強制される作業の制限又は勤務時間の短縮
		重 症		休業(入院加療)
妊 娠 蛋 白 尿		軽 症		負担の大きい作業、ストレス・緊張を多く感じる作業の制限又は勤務時間の短縮
		重 症		休業(入院加療)
妊娠高血圧症候群(妊娠中毒症)	高血圧が見られる場合	軽 症		負担の大きい作業、ストレス・緊張を多く感じる作業の制限又は勤務時間の短縮
		重 症		休業(入院加療)
	高血圧に蛋白尿を伴う場合	軽 症		負担の大きい作業、ストレス・緊張を多く感じる作業の制限又は勤務時間の短縮
		重 症		休業(入院加療)
妊娠前から持っている病気(妊娠により症状の悪化が見られる場合)		軽 症		負担の大きい作業の制限又は勤務時間の短縮
		重 症		休業(自宅療養又は入院加療)

<table>
<tr><th colspan="3">症　状　等</th><th>指導項目</th><th>標 準 措 置</th></tr>
<tr><td rowspan="5">妊娠中にかかりやすい病気</td><td>静脈瘤（りゅう）</td><td>症状が著しい場合</td><td></td><td rowspan="2">長時間の立作業、同一姿勢を強制される作業の制限又は横になっての休憩</td></tr>
<tr><td>痔（じ）</td><td>症状が著しい場合</td><td></td></tr>
<tr><td>腰痛症</td><td>症状が著しい場合</td><td></td><td>長時間の立作業、腰に負担のかかる作業、同一姿勢を強制される作業の制限</td></tr>
<tr><td rowspan="2">膀胱炎（ぼうこうえん）</td><td>軽　症</td><td></td><td>負担の大きい作業、長時間作業場所を離れることのできない作業、寒い場所での作業の制限</td></tr>
<tr><td>重　症</td><td></td><td>休業（入院加療）</td></tr>
<tr><td colspan="3">多胎妊娠（　　　　　　胎）</td><td></td><td>必要に応じ、負担の大きい作業の制限又は勤務時間の短縮
多胎で特殊な例又は三胎以上の場合、特に慎重な管理が必要</td></tr>
<tr><td colspan="2" rowspan="2">産後の回復不全</td><td>軽　症</td><td></td><td>負担の大きい作業の制限又は勤務時間の短縮</td></tr>
<tr><td>重　症</td><td></td><td>休業（自宅療養）</td></tr>
</table>

標準措置と異なる措置が必要である等の特記事項があれば記入してください。

3. 上記2の措置が必要な期間
（当面の予定期間に○を付けてください。）

1週間（　月　日 ～　月　日）	
2週間（　月　日 ～　月　日）	
4週間（　月　日 ～　月　日）	
その他（　　　　　　　）	

4. その他の指導事項
（措置が必要である場合は○を付けてください。）

妊娠中の通勤緩和の措置	
妊娠中の休憩に関する措置	

［記入上の注意］
（1）「4. その他の指導事項」の「妊娠中の通勤緩和の措置」欄には、交通機関の混雑状況及び妊娠経過の状況にかんがみ、措置が必要な場合、○印をご記入下さい。
（2）「4. その他の指導事項」の「妊娠中の休憩に関する措置」欄には、作業の状況及び妊娠経過の状況にかんがみ、休憩に関する措置が必要な場合、○印をご記入下さい。

指導事項を守るための措置申請書

上記のとおり、医師等の指導事項に基づく措置を申請します。

令和　　年　　月　　日

所 属..............................

氏 名..............................印

事 業 主 殿

この様式の「母性健康管理指導事項連絡カード」の欄には医師等が、また、「指導事項を守るための措置申請書」の欄には女性労働者が記入してください。

厚生労働省委託母性健康管理サイト「女性にやさしい職場づくりナビ」
（https//www.bosei-navi.mhlw.go.jp/renraku_card/）より

図09 健康診査・保健指導申請書

（様式）

健康診査・保健指導申請書

所属				
氏名		出産予定日	年　月　日	

※(1)	医療機関等名	所在地　（電話番号）	医療機関等初診日
1			年　月　日
2			年　月　日
3			年　月　日

※(2)	申請日	通院する日・時間	妊娠週数	承認印
1	月　日	月　日　時　分～　時　分	週	
	月　日	月　日　時　分～　時　分	週	
	月　日	月　日　時　分～　時　分	週	
	月　日	月　日　時　分～　時　分	週	
	月　日	月　日　時　分～　時　分	週	
	月　日	月　日　時　分～　時　分	週	
	月　日	月　日　時　分～　時　分	週	
	月　日	月　日　時　分～　時　分	週	
	月　日	月　日　時　分～　時　分	週	
	月　日	月　日　時　分～　時　分	週	

※(1)　2以降は医療機関等を変更した場合に、記入してください。
※(2)　医療機関等を※(1)欄の番号で記入してください。

厚生労働省委託母性健康管理サイト「女性にやさしい職場づくりナビ」
(https://www.bosei-navi.mhlw.go.jp/common/pdf/kenkoushinsa_hokensidou.pdf) より

図10 産休・育休スケジュール確認

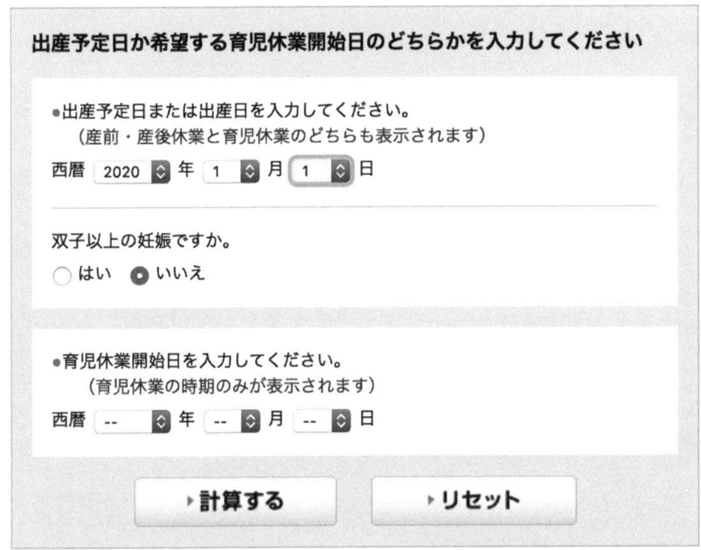

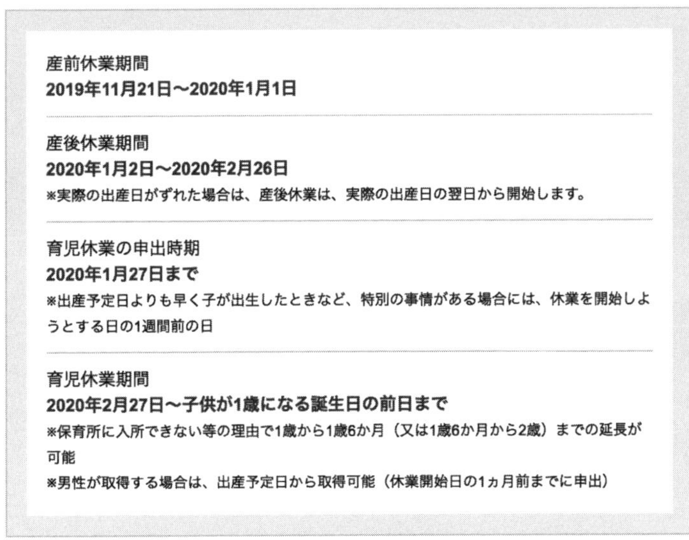

厚生労働省委託母性健康管理サイト「女性にやさしい職場づくりナビ」
「産休・育休はいつから？　産前・産後休業、育児休業の自動計算」
https://www.bosei-navi.mhlw.go.jp/leave/より

業務引き継ぎはどのようにやったらいい？

Q 業務の引き継ぎは、いつ、どのようにやったらいいのでしょうか？　妊婦であることで、気をつけることはありますか？

引き継ぎ準備開始は、できるだけ早めが望ましいですが、一般的には、つわりの症状も落ち着き、流産の危険性が少なくなる妊娠５カ月前後がよいでしょう。会社所定の書式がなければ、次の書式を参考に、引き継ぎ準備について、注意点を含めて説明します。

・業務引き継ぎ準備シート
……業務引き継ぎをするにあたっての注意点をまとめた文書。
・タスク管理表
……至急、今週中、今月中に用紙を分けて記入し、職場のメンバーと共有しておく。特に、至急処理リストは、急な体調不良時に代わりに対応してもらうために必要なので、毎日、更新しておくことが大切である。
・業務引き継ぎ書
……引継者が、いつ（毎日、毎週等）、何を、どのようにやるのかがイメージできるように記入する。特に繁忙期・繁忙度は、業務計画を立てるために重要である。

図11 業務引き継ぎ準備シート

急な体調変化に備えて
スムーズな業務引き継ぎのために

1. タスク管理表の作成・更新

・毎日の業務終了時に、管理表を更新し、急な休みのときにも誰かに対応してもらえるようにしておきましょう。

2. 業務引き継ぎ書の作成

・担当業務の全体がわかるものと、個別の業務ごとの詳細がわかるものの2種類を作成しましょう。

3. 電子ファイルの整理

・ファイル名のルールを決めて、誰が見てもわかるようにしましょう。(例:作成年月日+タイトル)

4. 紙の資料の整理

・ファイリングするときに保存期限(もしくは判断者)を明記しておきましょう。

以上

図12 タスク管理表

●タスク管理表（　至急　／　今週中　／　今月中　処理リスト）

年　　月　　日作成　担当：

終了チェック	〆切日	タスク	関係者	注意点など

急な体調不良時に誰でも代われるよう、簡潔にわかりやすく書く

図13 業務引き継ぎ書

●業務引き継ぎ書

業務名：

引継者が、いつ、何を、どのようにやるのかがイメージできるように記入する

年　月　日作成　担当：

区分	内容	関係者・責任者	詳細（具体的手順、参照ファイル名など）	引継者	注意点など
毎日					
毎週					
毎月					
毎年					
その他					

繁忙期・繁忙度に関するmemo	その他 memo

03 担当業務を変更してほしいという申し出があったら？

Q 女性社員から「今の担当業務は、至急対応や状況によっては長時間残業が求められるため、担当業務を変更してほしい」という申し出がありました。そうはいっても、人手が不足しているし、どうしたらいいでしょうか？

すぐに担当変更が難しい状況だからといって、妊娠したことを非難するような対応は、ハラスメントに当たるだけでなく、本人の仕事に対するモチベーションを下げてしまうので注意が必要です。

＼NG／

「みんな忙しいし……。困ったなぁ、こんな忙しい時期に妊娠されると……」

本人の申し出があれば、法律上、他の軽易な業務に転換させなければなりません。また、時間外労働をさせることもできません。

とはいうものの、習熟が必要な業務である等の事情があり、いきなり全面的に他の人への担当引き継ぎができない場合など、やむを得ず、しばらくの間、負担軽減の対応を取りながら業務を担当してもらわざるをえないこともあります。本人の体調に配慮しながら、職場や業務の状況を踏まえ相談していくことが望ましいでしょう。

＼OK／

「確かに、妊娠中には負担の大きい業務ですね。早急に対応を考えましょう。あなただけがその業務のエキスパートという状況ですので、引き続きあなたにも担当してもらって、マニュアルづくりと引き継ぎをお願いできますか？
至急対応、残業対応の必要があるときには、他のメンバーで対応しますので、わかった時点ですぐに報告してください」

いずれにしても、体調が不安定な妊婦が常に出勤している、長時間残業ができるとは限りません。本人の申し出がなかったとしても、複数担当制にするなど、業務に支障が出ないような体制をつくっていくことが大切です。

また、これを機に、妊婦だけでなく、すべての人が働きやすい職場づくりのために、至急対応や長時間残業の発生要因、至急対応や長時間残業を減らす方策を検討し、業務をカバーし合えるとよいでしょう。

法令

労働基準法における母性保護規定

（法第65条第３項）妊婦の軽易業務転換

妊娠中の女性が請求した場合には、他の軽易な業務に転換させなければなりません。

（法第64条の３）妊産婦等の危険有害業務の就業制限

妊産婦等を妊娠、出産、哺育等に有害な業務に就かせることはできません。

（法第66条第１項）妊産婦に対する変形労働時間制の適用制限

変形労働時間制がとられる場合であっても、妊産婦が請求した場合には、１日及び１週間の法定時間を超えて労働させることはできません。

（法第66条第２項及び第３項）妊産婦の時間外労働、休日労働、深夜業の制限

妊産婦が請求した場合には、時間外労働、休日労働、又は深夜業をさせることはできません。

04 流産や切迫早産による急な休暇の申し出があったら？

Q 妊娠中の女性社員からのメールに、「流産してしまったので、今日から１週間お休みをいただくことになりました。急で申し訳ありませんが、よろしくお願いします」とのみ書かれています。どう返信したらいいでしょうか？

電話でこのような報告を受けたら、戸惑うというよりも面食らってしまって、何と声をかけたらいいか困ってしまうのが普通だと思います。だからといって、メールだと文字として残るので、どんな返事を書いたらいいのかとさらに困ってしまうのではないでしょうか。

一般的な自然流産率は15％くらいですが、30代後半から流産率は加齢にともない著しく上昇します。つまり、妊娠しても、残念ながら流産し手術が必要となることも珍しいことではありませんので、心に留めておくとよいでしょう。

また、早産が切迫した状態である切迫早産の場合には、自宅での絶対安静または入院となり、出産までそのままずっと休みを取るという状況も起こり得ます。

妊娠時は体調が変わりやすい、また急な体調不良がある前提で、業務の引き継ぎ書の作成を早め早めに促し、突発的な休暇でも、周りの人がカバーできるよう、複数担当制にしておく等の対応を取っておくと安心です。

私も２回流産を経験しました。妊娠10週前後で、流産することなど想像すらせずに妊婦健診に行くと、医師から赤ちゃんの心臓が動いていないこと、すぐに手術が必要であることを告げられました。ものすごくショックで呆然としながら、手術の説明を受け、手術の予約をし、その後、夫と会社に電話をかけたことは忘れられません。

このようなとき、一番不安なのは妊婦である女性社員です。管理職として、そういった不安な状況にあって、業務に対する責任感から連絡してきてくれるた女性社員に対して安心して休んでもらえる声かけができるといいでしょう。

メール返信文のポイントは、**体調と気持ちに寄り添いながらも、必要以上に感情的にならない、必要以上に踏み込まない**ことです。

＼OK／

「気持ちが落ち着かない状況だと思いますが、連絡をいただきありがとうございます。1週間のお休み、承知しました。○○さんの体調を最優先に過ごしてください」

COLUMN

女性にやさしい職場づくりナビ

厚生労働省委託母性健康管理サイト「女性にやさしい職場づくりナビ」（https://www.bosei-navi.mhlw.go.jp/）には、女性が働きながら安心して妊娠・出産を迎えることができるよう、「事業主・管理職等」に対する職場づくりや対応のポイント、法令解釈や具体例等が掲載されています。参考にしてください。

05 不妊治療による退職の申し出があったら？

Q「これまでご相談することなく不妊治療を続けてきましたが、これ以上、ご迷惑をかけられないので退職することにしました」と相談がありました。どのように対応したらよいですか？

突然の相談で動揺したとはいえ、いきなり退職希望を尋ねると、これまで必要とされていなかった人のような印象を与えてしまいます。

＼NG／

「えっ！　休みが多いと思っていたけど、そういう理由だったの？
わかりました。いつ頃が希望ですか？」

思わずこのような対応をしてしまうのは、多くの人にとって、不妊治療は言葉としては聞いたことがあっても、深くは知らないことだからだと思います。周囲に相談することなく、不妊治療をしている人が多いことも深く知る機会が少ない理由の一つでしょう。

実際に不妊の検査や治療を受けたことがある（または現在受けている）夫婦は、全体で18.2%、子どものいない夫婦では28.2%で、これは夫婦全体の5.5組に１組にあたります（国立社会保障・人口問題研究所「2015年社会保障・人口問題基本調査」による）。5.5組に１組と聞くと、意外に多い感じがしませんか？

しかし、平成29年度「不妊治療と仕事の両立に係る諸問題についての総合的調査／厚生労働省」によると、男女計で約58%の人が、不妊治療を受けていることを職場では伝えていません。

職場に伝えない理由として、不妊治療をしていることを知られたくない、周囲に気づかいをしてほしくない、不妊治療がうまくいかなかったときに職場に居づらいなどが挙げられています。

私の経験でも、子どもがある程度成長してから、もしくは子どもができなかったことに対して気持ちの整理がついてから、不妊治療をしていたことを打ち明けられるようになる人が多いと感じています。

図14 不妊治療中であることを職場で開示するか

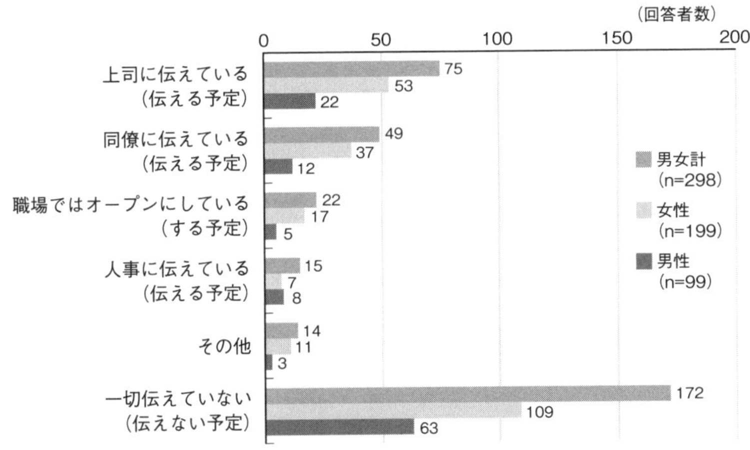

不妊治療と仕事の両立が難しい理由として、物理的には「通院回数が多いこと」「医師からの指示に基づき通院日が決まること(仕事の予定を避けて通院日を選べるわけではないこと)」が挙げられています。

「精神的な負担が大きいこと」のなかには、「いつ子どもができるのかがわからない不安」「治療費が高額である不安」「夫婦での意見の相違が生じてくる悩み」「職場へ迷惑をかけている申し訳なさ」など、さまざまな気持ちがあると推測されます。

図15 不妊治療と仕事との両立の難しさ

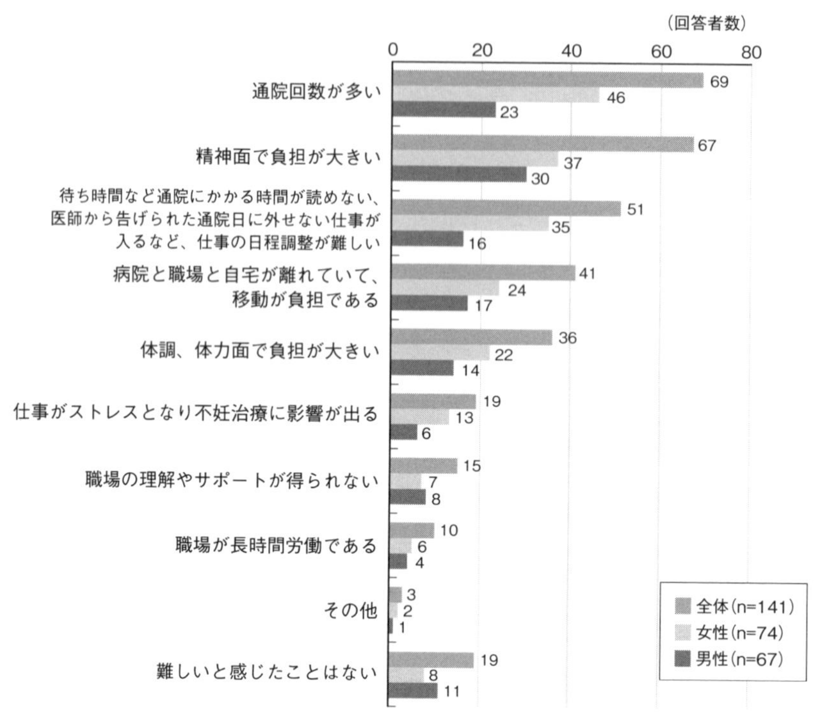

こういった悩みや不安でいっぱいの不妊治療と仕事との両立が難しくなり、雇用形態を変えたり、退職をする女性がいるのです。

職場に迷惑をかけることを必要以上に心配するような人は、逆に言えば、貢献意識が高い人とも言えます。また、人材難の時代、社風にも合っていて仕事も覚えている人材は特に貴重です。

本人が夫婦でよく考えて話し合って出した結論は尊重する前提で、なんとか辞めずに続ける方法がないのか、もう一度検討してもらうことを提案します（不妊治療のための休職制度、休暇制度を整備している企業もあります）。

\OK/

①意向を尊重する

「退職の決断は残念ですが、ご夫婦で考え悩んで出した結論だと思いますので、尊重したいと思います」

②思いを寄せる

「なかなか相談しにくかったのだろうと思いますし、いろいろと悩みながら、ここまで両立されてきたのだと思います」

③提案する

「ただ、○○さんはこの職場にとって大切な欠かせない存在です。なんとか続けられるような方法がないか、一緒に検討させてもらえないでしょうか？」

女性社員「いえ、もう決めたことなので……」

④意向を尊重する

「そうですよね、無理を言って申し訳ありません。退職日については、ご希望はありますか？」

女性社員「なるべくご迷惑にならないようにとは思いますが、できるだけ早く退職をしたいと考えています」

⑤提案する

「では、引き継ぎの準備も含め、１カ月後をめどにご検討いただけますか？」

女性社員「承知しました。ただ、１週間ほどお休みをいただくことになりますが、よろしいでしょうか？」

⑥意向を尊重する

「わかりました。では、また引き継ぎについては相談しましょう」

決意をして退職を申し出ているので、固辞される人がほとんどです。精神的な負担を感じている可能性が高い状況での退職の申し出なので、無理に気持ちに踏み込むことは避けるべきです。管理職として、辞めずに残ってほしいという意向のみを伝え、あとは本人の気持ちが変わるのを待つのが、できる対応でしょう。

望ましくは不妊治療を始めるときに相談してもらうことですが、そのためには日頃からの信頼関係が、一般的な相談以上に求められています。

その際に利用できるのが、「**不妊治療連絡カード**」です（図16参照）。このカードは、不妊治療を受けている労働者が企業に対して、治療中であることや企業に求める配慮を伝えるためのツールです。不妊治療では診断書が発行されない場合もあり、企業における不妊治療を対象とした休職･休暇制度や治療費補助制度等の確認資料として使うことも想定し、医師の署名欄が設けられています。

辞めてほしくないという管理職の思いがあっても、不妊治療に使える休暇制度や半日・時間単位の休暇制度がない企業の方が多い現状です。

辞めてほしくない貴重な人材に残ってもらうために必要な制度を導入していくよう、管理職として人事部門に働きかけていくとよいでしょう。

「有給休暇が多くて、そろそろ有給休暇も使い切ってしまう状況。何か事情があるのかもしれないが、どうして相談してくれないのだろうか？」

そのように思う女性社員がいたら、頭ごなしに有給休暇が多すぎて困ると指導をするのではなく、まずは「最近、休みが多いですが、家庭の事情や体調面など何か困っていることがあるのですか？」など、状況や事情を聴いてみるとよいでしょう。

なお、男女問わず、仕事と介護・病気などとの両立に悩んでいる社員にも同様に対応するとよいでしょう。

図16 不妊治療連絡カード

オモテ

不妊治療連絡カード

事業主殿

令和　年　月　日

所属……………………………

氏名……………………………印

医師の連絡事項

（該当するものに○を付けてください。）

上の者は、 { □ 現在、不妊治療を実施 または □ 不妊治療の実施を予定 } しています。

【連絡事項】

不妊治療の実施（予定）時期	
特に配慮が必要な事項	
その他	

令和　年　月　日

医療機関名……………………………

医師氏名……………………………印

裏面には、不妊治療の現状や、不妊治療に要する通院日数の目安などの情報が記載されている

リーフレット『仕事と不妊治療の両立支援のために』（厚生労働省）より

図17【参考】管理職が知っておきたい妊娠中の10カ月

	母体・体調の変化	妊婦が仕事上で注意すること
初期 1カ月 (0〜3週)	自覚症状は特にない。	
2カ月 (4〜7週)	**切迫流産(流産しかかっている状態)が心配な時期** 【つわり】 早い人は症状(吐き気、だるさ、熱っぽさ)が出始める。 【飲酒、喫煙】 胎児の発育への影響を考えてやめる。	・上司など、最低限の人には妊娠報告をし、体調の急変に備える。 ・ラッシュ通勤、長時間労働に注意し、無理をしない。 ・飲酒、喫煙の場を避けるよう、必要に応じて職場に配慮を求める。 ・通勤時にマタニティマークをつけることも検討する。
3カ月 (8〜11週)	【つわり】 もっとも症状がつらい時期。 【体調】 強い眠気、頻尿、便秘など。	・症状の強さや体形の変化に合わせて、職場に妊娠をオープンにするタイミングを決める。 ・トイレや休憩のために頻繁に席を外すのであれば、あらかじめ上司に症状を伝えておく。 ・早めに妊婦用下着や洋服を準備し、妊娠にともなう症状を少しでも和らげるよう努める。
中期 4カ月 (12〜15週)	**胎盤が完成し流産の危険性が少なくなってくる時期** 【つわり】 症状が軽くなってくる。 【体形】 お腹が少しずつ大きくなる。	・食欲が出てくる時期。仕事に集中できないくらいお腹がすくなら、職場の迷惑にならないように、メリハリをつけて席を外して食べる。
5カ月 (16〜19週)	**安定期** 【体形】 子宮が大人の頭くらいの大きさになる時期で、お腹が大きくなる。	・里帰り出産の場合で、事前の受診が必要な場合は、早めに仕事のスケジュールを調整する。

	母体・体調の変化	妊婦が仕事上で注意すること
中期 6カ月 (20～23週)	【体形】 お腹がせり出してくる。 【体調】 全般的には体調が安定するものの、背中や腰に痛みが出始める。	・引き継ぎ準備など、体調がいいときに前倒しで進めていく。
7カ月 (24～27週)	【お腹の張り】 張ることが増えてくる。 【体調】 むくみ、腰痛が出てくる。 高血圧により、頭痛、耳鳴り、ほてりなどが生じることがある。	・急な体調変化に備える。 ・お腹の張りが気になるときは無理をしない。 ・長時間の立ち作業、同じ姿勢を取り続けない等、体調管理に努める。 ・お腹の張りや腰痛で夜眠れないことが増えてくるので、スケジュールに余裕をもつなど、仕事のミスが起こらないように対策を取る。
後期 8カ月 (28～31週)	**早産に注意する時期** 【お腹の張り】 頻繁に張るようになる。 【体調】 手足のむくみ、腰痛。	・7カ月の注意事項に同じ。 ・産休前に仕事を整理し、余裕をもって引き継ぎを進める。
9カ月 (32～35週)	【お腹の張り】 頻繁に張る。 【体調】 子宮が胃を圧迫し、胃もたれや胸やけなどの不快感を感じる。心臓や肺も圧迫され、動悸や息切れが起こる人もいる。むくみ、腰痛。	・7カ月の注意事項に同じ。 ・里帰り出産の場合は34週までに帰省する。 ・産前6週間（多胎妊娠の場合は14週間）は産前休業を取ることができる。
10カ月 (36～39週)	【お腹の張り】 頻繁に張る。 【体調】 子宮がだんだん下がり、膀胱が圧迫され、頻尿や尿漏れが心配になる。むくみ、腰痛、足のつけ根の痛み。	・7カ月の注意事項に同じ。 ・陣痛や破水など、出産の兆候に注意する。

5章

将来のキャリアをあきらめない産休・育休のQ&A

仕事と子育てとの両立は、女性部下が仕事を続けられるかどうか、将来的に希望するキャリアを築いていけるかどうかの最大の難所です。
女性部下が将来的なキャリアもあきらめずに仕事を続けていく支援のあり方を見ていきます。

01 休業前面談（産休に入る約１カ月前）では、どんなことを話したらいい？

Q　来月から産前６週間の産休、育休を１年取る予定の女性社員（妊娠８カ月）がいます。休業前面談ではどんなことを話すといいですか？

妊娠８カ月は、お腹がかなり大きくなっていて、腰痛、むくみ、お腹の張りが頻繁に起こる等、体調面でも出産が近くなってきたことを感じながら仕事をしている時期です。これらの症状に悩まされ、夜によく眠れない人もいます。業務に支障が出ていないか声をかけるとよいでしょう。

また、切迫早産（早産の兆候が見られる）の診断で、急に自宅での安静、入院となるケースもありますので、早めに休業前面談を行なうとよいでしょう。

休業前面談の内容は、次の通りです。

・休業に対する期待と不安を聴く

初めての出産・子育てに期待を膨らませている人もいるでしょう。

一方で、１年以上、職場と仕事から離れることになります。あなたが、１年間、仕事を離れることを想像してみてください。仕事の能力が落ちてしまうかもしれない、職場のメンバーとの距離感ができてしまうかもしれない、さらに復職後、うまく仕事と子育てが両立できないかもしれない、など悩みが尽きないのではないでしょうか。

育休中は、「仕事をする私」という役割がなくなることに加え、外部からのビジネス情報や刺激を受ける機会が減り、喪失感を感じる人もいます。スムーズな復職のためには、このような不安や喪失感をできるだけ解消し、仕事に対する熱意や自信を失わないよう、できることなら増やすことが望まれます。

そのために、仕事につながる、育休中でも細々とでも取り組めること（ビジネス雑誌・書籍の購読、通信講座やセミナーの受講など）を探しておくようすすめるとよいでしょう。

・キャリアの棚卸しとキャリアビジョンづくりをすすめる

「やってきたことに対する自信（できる）」「会社・職場の期待（求められている）」「将来的なキャリアビジョン（やりたい）」は、復職後の両立生活の苦労の大きな支えとなります。

育休期間は、これまでの仕事とキャリアを振り返り、人生の価値を高めるチャンスです。以下のような質問を投げかけながら、上司として評価や期待を伝えます。

＼OK／

- 「今の担当業務でもっとこうしていきたいということは、どのようなことですか？」
- 「あなたの課題はなんだと思いますか？」
- 「一番、自分を成長させてくれた仕事はなんですか？　どのように取り組みましたか？」
- 「一番、大変だったけれども、やりきったと思える仕事はなんですか？　どのように取り組みましたか？」
- 「仕事で心がけてきたこと、大切にしてきたことはなんですか？　なぜそれを大切にしてきたのですか？」
- 「将来的にやってみたい仕事・業務はありますか？」
- 「休業中に取り組みたいことはありますか？」

今回の面談をきっかけとし、育休中に精神的に余裕ができた頃に考えを深めていくことをすすめるとよいでしょう。

・復職後の仕事、働き方について情報共有する

復職後の仕事や働き方は、１年後の組織の状況や両立支援の体制（保育園、その他の支援者、ベビーシッター等）に大きく左右されます。最終的には、復職前面談の場で具体的に話し合います。休業前面談では「本人の希望」と「組織の期待」を情報共有することが目的です。

＼OK／

- 「担当業務について、希望はありますか？」
- 「フルタイムで続けますか？　短時間勤務制度の利用希望はありますか？」
- 「残業に対してどう考えていますか？」

そのうえで、上司として将来的にどのような活躍を期待しているのかを伝えます。

・育休中の復帰準備を確認する

休業中は子育て期間として、思いっきり子育てにのみ注力するという考え方もあります。確かに、復職後は両立生活が始まると時間的に余裕がなくなりますので、休業中は赤ちゃんと一緒に楽しめることをたくさんする、ママ友をたくさんつくること等も大切な時間の使い方です。

一方、両立支援制度という性格上、仕事と家庭の両立準備をしていくことは必要なことでしょう。さらに、育休復帰後の職務での安定的な貢献に向けて、日常的なビジネス情報収集や資格取得に取り組む人も少なくありません。

特に、育休の後半は、復帰時の業務へのキャッチアップと子育てとの両立を考えた過ごし方が望まれます。ママモードから仕事モードに切り替える準備として、「両立生活シミュレーションシート」（図18）を活用し、両立生活を具体的にシミュレーションして、それに合わせて生活リズムを変える、家事育児のやり方や分担を見直すなどの工夫もすすめましょう。

また、復職前面談時に必要に応じて持参してもらう「両立準備確認シート」（図19）を渡し、早めに保育園や病児保育などの情報収集をしておくことをすすめてもよいでしょう。

＼OK／

「育休はあっという間だと聞きます。子育てを楽しんでください。復帰する日を待っています。両立に向けて、保育園や病児保育の情報収集など、準備もしっかりお願いします」

・休業中の連絡について伝える

１年以上の長期休業となります。スムーズな復職のために、定期的に会社や仕事の動きなどを連絡する、社内報や社内行事がある場合はもれなく案内するとよいでしょう。そのための連絡先（メールアドレス、電話など）を確認しておきます。

人事部門が、全社の産休・育休者に対して一括して連絡を取ったり、育休中の社員対象のSNSを運営している企業もありますが、職場からの個人に向けた連絡は、職場や仕事との心理的距離感を保つ大切なものです。

職場の連絡窓口となる担当者をあらかじめ決め、女性社員からも気兼ねなく連絡をするように伝えておくと、お互いに気兼ねなく連絡が取り合えます。

＼OK／

「休業中、気になることがあれば、遠慮なく私まで連絡してください。あなたの様子もぜひ聞かせてください」

02 復職前面談（復職予定日の約3カ月前）では、どんなことを話したらいい？

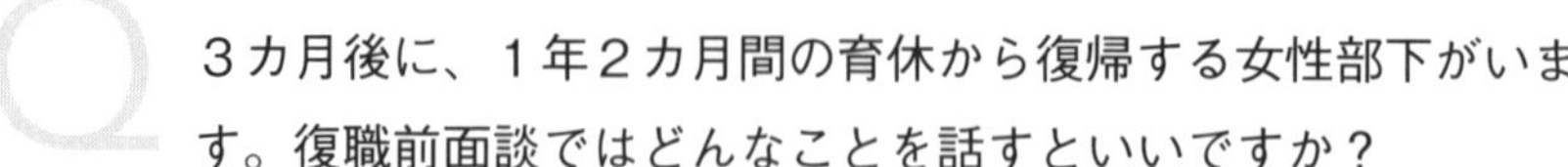

Q ３カ月後に、１年２カ月間の育休から復帰する女性部下がいます。復職前面談ではどんなことを話すといいですか？

一番大切なことは、期待して待っていたことを伝えることです。

＼OK／

①期待して待っていたことを伝える

・「子育てはどうですか？」
・「久しぶりの職場ですが、いかがですか？」
・「また一緒に仕事ができることを楽しみに待っていました」

復職前面談の目的は、確保できている（確保見込みの）保育園や家族との分担や子育て支援サービスについて情報共有をしながら、両立が可能な勤務時間や業務等について具体的に話し合うことです。

本人に、事前に「両立生活シミュレーションシート」（図18）「両立準備確認シート」（図19）を活用し、復職準備をしてもらいます。

＼OK／

②復職後の仕事、働き方を話し合う

・「両立生活をシミュレーションしてみて、気づいたことはありますか？」
・「仕事や両立への期待と不安を聞かせてください」
・「保育園のサービスと家族等の分担を踏まえて、出社可能時間から順に情報共有をお願いします」
・「お子さんが病気やケガをしたときは、どのようにされる予定ですか？
・「仕事、働き方、職場に対する希望を聞かせてください」
・「○○さんには、××業務を担当してもらおうと考えているのですが、両立にあたっての懸念点等はありますか？」

復職予定日の３カ月前をめやすに実施するのは、勤務時間や業務内容の話し合いのため、複数回の面談が必要なケースがあること、そして３カ月ほどかけて本人や家族、子どもに両立生活のリズムに慣れてもらうことが大きな理由です。

＼OK／

③次回の面談日程と目的を提案する
・「□月□日□時から、もう一度、面談をしましょう」
・「働く時間は長くても、やりたい仕事に挑戦するのか、短時間勤務制度を利用して、まずは両立生活を軌道に乗せるのか、ご家族とも十分に相談してきてください。次回、話しましょう」
・「私もできる限り応援します」
・「面談日前でも、相談があれば遠慮なく連絡をください」

復職への不安が少しでも軽減できるように、３つのＯＫ例の流れを参考に、上司としての期待を伝え、本人の不安を聴きながら面談を進めます。

可能であれば、復職前に、社内の子育て中社員との交流の機会を設けることで、復職後の両立生活、働き方の不安を軽減することができます。

図18 両立生活シミュレーションシート

両立生活シミュレーション【平日】

●現在（起床　朝食　送り・見送り　迎え　夕食　お風呂　寝かしつけ・宿題　家事）

	5:00	12:00	18:00	24:00
わたし				
家族				
家族（子）				

●両立後（起床　朝食　送り・見送り　迎え　夕食　お風呂　寝かしつけ・宿題　家事）

	5:00	12:00	18:00	24:00
わたし				
家族				
家族（子）				

両立生活シミュレーション【休日】

●現在

	5:00	12:00	18:00	24:00
わたし				
家族				
家族（子）				

●両立後

	5:00	12:00	18:00	24:00
わたし				
家族				
家族（子）				

女性部下に事前に記入してもらう。平日と休日、現在と両立後に分けて、何時に何をどのくらいの時間で行なうか、具体的にシミュレーションする

図19 両立準備確認シート

●両立準備確認シート

年　　月　　日作成　担当：

		記入欄	備考
保育園	自宅住所（最寄り駅）		
	保育園住所（最寄り駅）		
	自宅→保育園→会社の所要時間		
	開園時間		
	閉園時間		
	契約時間		
	出社可能時間		
	退社必須時間		
	土曜保育の有無		
	日曜・祝日保育の有無		
	病児対応の可否		
家族等分担 子育て支援サービス	保育園の送り		
	保育園の迎え		
	子どものケガ・病気の迎え		
	子どものケガ・病気休暇時の対応		
	急な早出の対応可否		
	急な残業の対応可否		
	土曜出勤の対応可否		
	日曜・祝日出勤の対応可否		
	毎日の家事		
	休日の家事		

②情報を共有し、働き方や担当業務の話し合いにつなげる

	記入欄	memo欄
仕事への期待と不安		
両立への期待と不安		
仕事、働き方、職場に対する希望		
両立していても 両立しているからこそ 会社、職場、仕事で貢献できること		

①話の導入として聞くとよい

③まず本人の希望を聞いたうえで、上司の考えを提案し、話し合う

03 両立フォロー面談はいつ、どんな内容でやったらいい？

Q 仕事と子育ての両立に悩んでいる女性がいます。育休中に、業務システムが変わり、業務が滞っています。時短勤務ですが、時間内に終わらず困っていますが、どうしたらいいですか？

仕事と子育ての両立は、公的な子育て支援制度や民間サービス、職場環境、家庭内の家事・子育ての分担などに影響を受けます。

部下の夫（パートナー）も悩んでいるのかもしれません。妻が働くことに肯定的で、自分も両立を試行錯誤している夫（パートナー）のなかには、子どもの看病や保育園のお迎えのために休んだり定時退社すると職場でいい顔をされない、もっと子育てに関わりたいけれども職場で言い出せないなど、悩みと苦労を抱える人もいます。

一方、夫が、妻が働くことに否定的な場合には、夫の家事・育児への参画が期待できず、女性に家事と育児の負担が偏っていて、両立がかなり難しい状況のことも多々あります。

＼NG／

「業務に関しては、その業務に一番詳しい○○係長に相談してください。時間内に終わらないのであれば、時短勤務をやめて、ベビーシッターを活用してみることなどは検討したのですか？」

このケースで上司である管理職ができることは、業務調整等に限られます。だからといって、相談は係長にするよう伝えるなど「自分は関係ない」という気持ちが透けて見えるような対応をすると、部下の仕事に取り組む意欲に悪影響を与え、最悪の場合は退職につながっていきます。

また、育児・介護休業法で定める育児短時間勤務であれば、本人の意向を確認せずに、上司から業務上の都合のみで時短をやめるべきと言っているとも取れる発言をすることはハラスメントにあたります。

今回のケースでは、両立がうまくいっていない要因を女性社員に問題があると決めつけずに、まずは女性社員の考えや気持ちを聴きます。そして、必要があればサポート担当者をつける、担当業務を減らす、担当を替えるなどの対応しましょう。

\ OK /

「業務に慣れる苦労もあり、なかなか両立がうまくいかない様子ですね。まずは、仕事の状況や両立生活のことについて、あなたの考えを聴かせてもらえますか？」

両立フォロー面談は、何か問題が起きてからやるのではなく、復職後１週間、１カ月、３カ月、６カ月というように定期的に実施し、両立や業務の状況に合わせて組織全体の生産性を極力落とさないよう、担当業務を見直し等、必要な対応を取ります。

COLUMN

新しいお母さん像を模索する悩み

現在50～60代で仕事と子育てを両立してきた女性のなかには、私に「今の若い女性は恵まれているうえに、さらに権利意識が強い人がいる」と正直な気持ちを打ち明けてくださる人がいます。それだけ両立支援制度や子育て支援サービスが未整備のなかで、道なき道を自分で切り開いてきた自負があるのだろうと感じます。

2005年に「次世代育成支援対策推進法」、2007年には「改正男女雇用機会均等法」が施行され、上場企業中心に子育て支援制度の拡充と制度の使いやすさが進み始めました。また、2014年には成長戦略の柱の一つとして「女性の活躍推進」が掲げられ、保育園や学童の定員増が実現していきました。これらを機に、ワーキングマザーが増え、またメディアで取り上げられる回数も一気に増えていったのです。

社内でも、産休・育休から復帰した年齢の近い先輩女性社員、同期や後輩が増えていき、新しいお母さん像としての“ワーキングマザー”が身近になりました。

子育て支援制度が使いやすくなり、子育てしながら働き続けることに対するハードルが格段に低くなったことで、現在50～60代の女性のように働き続けることに対して強い意志がなくても、女性が希望すれば働き続けることを選択できるようになってきています。

しかし、新しいお母さん像を模索するからこその悩みに直面している女性も少なくありません。

- **子育てしながら働き続けたいけれども、自分の母親は専業主婦だったので、働いているお母さんの具体的なイメージがもてない。**
- **なんとか両立しているけれども、体力的にも精神的にも、やはり自**

分には無理なのではないかと感じている。

・働き続ける女性が少ない時代に、苦労して働き続けた母親を見てきたうえ、子ども時代に母がいない家で寂しい思いをしたので、母となるときは専業主婦となって、家で子どもの帰りを待ってあげたい。でも、仕事は続けたいという気持ちも捨てきれない。

このように、「専業主婦とワーキングマザー、本当はどちらを望んでいるのか」「ワーキングマザーとしてどのように両立していったらいいのか、仕事に力を入れていけるのか」など、自分はどうしたいのかと悩みながら働いている女性が増えているのです。

04 子育て中社員と職場メンバーとの不協和音が生まれたら？

育休からの復帰後、職場で浮いてしまっているようなのですが、どうしたらいいでしょうか？

産休、育休後、任せる仕事を徐々に増やしていこうとしても、短時間勤務だったり、突発的な休暇が多いという状況から、明らかに仕事量が少なく、手が空いてしまっていることがあります。

本人もそれに悩んでいても、やりきれない仕事量になったら対応できる自信がない、かといって暇すぎるのも……と悩んでいる。

逆に、仕事量が多すぎて終わらないけれども、子どもの保育園へのお迎えがあり退社せざるを得ない、帰宅後も自宅でできる仕事は一部やるものの、間に合わず、仕事が溜まってしまい、お客様からのクレームが増えるなど、同僚にも迷惑がかかっていることもあります。

本人としては、周りにこれ以上の負担をかけたくないので、自分だけでなんとかやりくりしようと頑張るものの、業務は溜まる一方で、困っている。そのような状況に、産休・育休中からずっと業務のフォローをし続けてきた職場のメンバーの不公平感がくすぶり続けて、職場全体の雰囲気が悪くなってしまうこともあります。

「お互いさま」という意識で助け合えればいいのですが、その意識があっても負担が大きすぎると納得できないことは想像に難くありません。たとえば、カバーする側の社員が少数である場合、相次ぐ産休・育休社員をカバーし続け、一部の社員に負担が偏ってしまうことがあります。

そのような場合、「母性保護」の観点から法律で守られる妊婦・子育て中社員と、業務をカバーする社員という対立が生まれやすいのです。

2014年、「資生堂ショック」の報道をきっかけに、両立支援のあり方、職場での業務分担のあり方が世に問われました。20年以上前から育児休業や短時間勤務制度を導入し、女性に優しい会社という評価を築いてきた資生堂が、１万人の美容部員を対象に、育児中でも夜間までの遅番や土日勤務に入ってもらうという方針を発表したのです。

この「資生堂ショック」は、子育て中社員と業務をカバーする社員の対立を解消するためのマネジメントの試みだったと思います。両立支援だけを進めて子育て中の社員は働きやすい一方で、カバーする側の社員は疲弊しているという状況では、組織が崩壊してしまいます。それで会社の業績が悪化してしまっては、みんなが不幸です。

カバーする側の社員の心情にも配慮した業務分担を心がけ、子育て中の女性部下にも次のような指導をするとよいでしょう。

＼OK／

・周囲への感謝の言葉と、できることはやる姿勢を忘れない。
・時間内に収まるメイン業務と、複数で担当するサブ業務を受けもって、積極的にサブ業務に取り組む。
・職場内のこま切れ業務をプールし、手があいたときに行なう。
・業務ごとにかかる時間を見積もり、何にどのくらい時間がかかるのか、改善の余地がないかを常に見直す。
・業務が滞りそうなときは、早めにヘルプを出す。

05 両立をはばむ壁となる子育て事情

産休中・育休中は、一般的にどんな様子で過ごしているのでしょうか？

産休は労働基準法で定められた母性保護（母体の健康と胎児の成長）のための休業です。産前休業は、出産予定日を含む６週間（双子以上は14週間）以内で、本人が希望しなければ、休業しなくても問題ありません。体調がよく休業の必要性を感じなかったとしても、特に第一子の場合は、出産･入院の準備、出産にともなう各種届出書類準備、新生児グッズの情報収集・購入、地域の子育て支援機関や保育園の見学や登録、小児科の情報収集など、やるべきことがかなりあります。仕事と並行してやるにはかなり負担になります。

一方、産後８週間は就業させることができない（出産から６週間経過後は本人が働くことを望み、かつ医師が支障ないと認めた場合に限り、使用者は就業させることができる）と定められている通り、産褥期（出産後６～８週）は、出産で消耗した体力と疲労の回復をはかりながらも、昼夜を問わない２～３時間おきの授乳や世話による寝不足との闘いで、心身ともに疲労のピークがずっと続いている状態です。

産後１～２週間が一番マタニティブルー（情緒不安定）になりやすい時期と言われています。

＼NG／

「長期の休みが取れるなんて、うらやましいよ」

こんな想像力のない発言をする方がいますが、休んでいる暇がないのが実態です。

産休のみで復職する女性社員に対しては、管理職として、体調の回復が十分か、体力面で業務に対応できるのかを確認する必要があります。

法令　**労働基準法**

（法第65条第１項及び第２項）産前・産後休業

産前６週間（多胎妊娠の場合は14週間）＜いずれも女性が請求した場合に限ります＞産後は８週間女性を就業させることはできません（ただし、産後６週間を経過後に、女性本人が請求し、医師が支障ないと認めた業務については、就業させることは差し支えありません）。

出産から３カ月ほど経つと、だいぶ乳児のお世話（授乳、おむつ替え、体調不良の判断など）と家事との両立にも慣れ、気持ちの余裕が出てきます。４カ月くらいになると、赤ちゃんの首が座り、免疫力もつき、昼間に長く起きているようになるので、外出もしやすくなります。

初めての出産・育児の場合は特に、慣れない育児に自信喪失することもあります。感染症にもかかりやすいのに、言葉を話せない赤ちゃんの病状を見守るしかなく、不安を募らせることもあります。そのような育児の不安を支えてくれるのが、地域の子育て支援センター、ママネットワーク、SNSで、積極的に交流をはかる方もたくさんいます。

０歳から１歳になる１年間は赤ちゃんの成長が著しく、とても楽しい時間ですが、仕事への復帰を考えると、あっという間に6カ月が経っていて、焦りを感じる方もいるでしょう。

育休は、育児・介護休業法に定められている通り、子どもが１歳に達するまで取ることができます。

都市圏での保育園の入園は、一般的には年度が替わる４月でないと空きがほぼ出ないこと、0歳児保育の定員が少ないことから、子どもが1歳に達しても保育園に入園できず、復職できない人が少なくありません。

そのため、当初は1年だった育休の予定を1年6カ月、さらに2年に延ばさざるを得ないこともあり、育児・介護休業法では、保育所待機等の特別な事情がある場合には育休の延長が認められています。

復職に向けての一番の関心ごとは、保育園の入園が決まるかどうか、「待機児童問題」、そして「病児保育サービスの有無」といっても過言ではありません。

産前からの情報収集と、あらゆるネットワークを活用した保育情報の収集、保活（子どもを保育園に入れるために保護者が行なう活動のこと）には、かなりのエネルギーが必要です。

法令　**育児・介護休業法**

（第２章第５条）育児休業の申出

労働者は、その養育する１歳[※]に満たない子について、その事業主に申し出ることにより、育児休業をすることができる。

（第６条）育児休業申出があった場合における事業主の義務等

事業主は、労働者からの育児休業申出があったときは、当該育児休業申出を拒むことができない。

※パパママ育休の場合は１歳２カ月まで。保育所待機等の特別な事情がある場合は１歳から１歳６カ月まで（再延長は２歳まで）。

保活や待機児童など、ニュースでは聞きますが、実際、どのくらい大変なものなのでしょうか？

保育所（通称、保育園）とは、保護者の委託を受けて、保育に欠けるその乳児又は幼児を保育することを目的とする施設です（児童福祉法第39条第１項）。

大きく分けると、認可保育所（国が定めた設置基準を満たしている）、認可外保育所（国が定めた設置基準を満たしていない、もしくは認可を取っていない）に分けられます。また、東京都には認可外保育所ですが東京都独自基準を満たしている東京都認証保育所があります。

面積や職員数等で恵まれている認可保育所への入所希望者が多く、入所希望が叶わずに入所待ちをしている児童を「待機児童」と呼びます。

特に待機児童が多い都市圏では、各自治体ごとに異なる認可保育所の入所審査基準があり、そのポイントをできるだけ稼ぐために入所審査基準を読み込み、引越しをはじめさまざまな努力をしている保護者も少なくありません。

また、認可外保育所であっても競争率が高く、入所できない人も多数います。自宅から遠い保育所にしか入所できない場合もあり、仕事との両立を難しくさせています。

我が家も長男は０歳児保育の認可保育所は入所できず、認可外にも空きがなし、２駅離れた保育所の一時保育も利用しながら、なんとか仕事を続けました。毎月、決められた日に電話で予約するタイプの一時保育でしたが、電話予約日には電話が殺到し、電話がかからない、かかってもすでに予約でいっぱいということもありました。

その苦労から、次男のときは保活に力を入れ、なんとか認可外保育所に０歳児で入所、その後、認可外保育所の０歳児保育利用のポイント加算が功を奏して、１歳児で認可保育所に転園が叶いました。

人気の高い認可保育所ですが、保育所によっては０歳児保育を実施していない、開園時間が短い（11時間保育が基本なので、朝７時半開園の場合は夜18時半で閉園）、駅から遠い等、フルタイムで働きながら利用するには不便な保育所もあります。

国をあげて、認可保育所の増設や定員増の取り組みがなされていますが、待機児童はなかなか減らない、減っても就労希望者が増えることで、さらに待機児童が増えるという状況です。

なお、保育所は集団生活のため、法定感染症（たとえば、インフルエンザ）にかかると出席停止となり、１週間程度、保育所を利用できません。その間、病児・病後児保育を利用するか、仕事を休んで対応するかのいずれかになります。

特に、保育所に通い始めて１年目、抵抗力がまだ弱い３歳児までは、病気にかかりやすいものです。前日の夜まで元気でも朝起きたら高熱がある、朝元気で保育所に預けて出勤したのに、急に体調が悪くなって保育所から迎えの要請がくるなど、急な早退、急な休みの可能性があります。

認可保育所で病児・病後児保育を実施しているところはほとんどありません。子どものケガや病気の際、仕事を休みにくい事情があるのなら、病児・病後児保育の利用を検討し、住んでいる地域に利用できる病児・病後児保育があれば、事前に、病児・病後児対応のベビーシッターや病院併設の施設等との契約を済ませておく必要があります。

「小１の壁」という言葉をニュースで聞きますが、どういうものなのでしょうか。

保育園を卒園して小学校に入学した子どもが戸惑うことに、１クラスの人数が多いこと、１クラスに先生が原則１人しかいないこと、遊び時間がほぼなく、椅子に座って勉強をすることがあります。

保育園では複数の先生方が、きめ細かく子どもたちを見守り、声かけや働きかけをしてくれ、遊んでくれます。小学校ではそのような手厚さがなくなった戸惑いと新しい環境と生活で、精神的に不安定になる子どもがいます。

また、授業が終わった後の放課後が長いため、放課後を過ごす場所として学童に通う子どももいます。公的な学童の設置数や定員が少ないため、小学校１年生で学童に入れない子どもが出てくるのですが、一人で帰宅して夜まで一人で留守番するには、まだまだ不安がある年頃です。このような、子どもの環境変化にともない、両立が困難になることを「小１の壁」といいます。

地域にもよりますが、子どもが多い自治体では、学童は小学校３年生までとなっています。小４から放課後の居場所がなくなり、両立が困難になることを「小４の壁」といいます。

私がキャリア・両立相談を受けているなかでは、特に東京都での中学受験にともなう「小５の壁」「小６の壁」(塾に通うための送迎やお弁当づくりという壁)、思春期を迎える中高時代の始まりである「中１の壁」もあります。

COLUMN

両立が難しいと悩む時期は乳幼児期だけではない

少し古いデータですが、次の図は子どもの年齢と主婦のストレスのかかり方を調査したデータです。

図20 子どもの年齢と主婦のストレスのかかり方

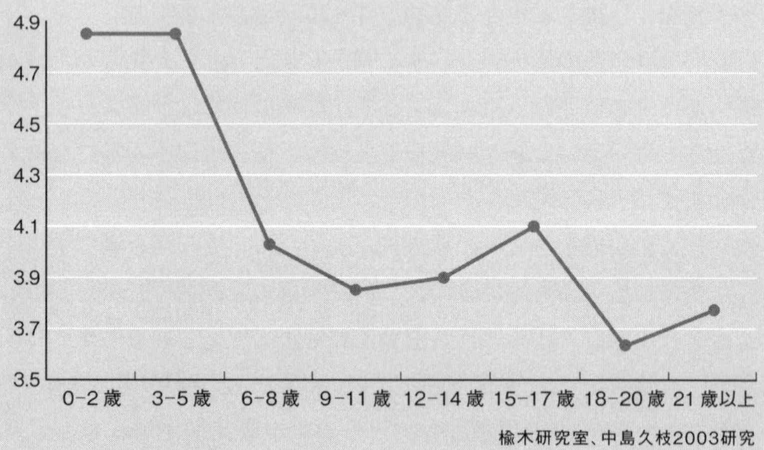

楡木研究室、中島久枝2003研究

『女性のワークライフとキャリア・カウンセリング』(財団法人女性労働協会、2005年)より

図を見ると、乳幼児期のストレスが高く、小学校入学に向けて低下し、思春期で上がっています。

私の実感でも、乳幼児期は日常的に親の体力的・精神的な負担は大きいと思います。乳児期の昼夜を問わないお世話、乳幼児期の病気や事故・ケガの心配、著しい成長に合わせた食事や遊びの工夫、幼児期の友達との関係づくりなどです。

子育てが孤育てと言われるように、配偶者や親兄弟、地域などから孤立した子育てになっていると、さらにストレスは高くなります。

小学校入学後は、生活面での世話は徐々に減っていき、精神的にも自立に向かっていくので、親の手は少しずつ離れていきます。

その一方で、この調査結果には表れていませんが、10歳前後は「ギャングエイジ」と呼ばれ、友達関係のトラブルや大人からの自立の裏返しの反発が、いじめや仲間外れ、集団での問題行動などにつながっていくこともあります。親としては、見守りながらも心配が尽きない年代です。

また、首都圏を中心に中学校受験を目指す子どもの場合、特に母親は、勉強のフォローや通塾の送迎や塾で食べるお弁当づくりをすべて自分でしてあげたいと思う母親もおり、退職につながる例もあります。

以上から、乳幼児期を乗り越えた母親が、再び子育てとの両立がうまくいかず仕事を辞めることを迷う時期として、学童に入れなかった場合の小学校１年生、ギャングエイジの小学校４年生前後、受験勉強との両立が必要な小学校４年生～６年生、思春期の中学生があります。

育児のための短時間勤務制度を小学校３年生までとする、中学校卒業までとするなど、法定を上回る子育て支援制度を整える企業もあります。

しかし制度がなくとも、女性社員の様子がいつもと違うと気になったら、何かあったのかを聴いてみるだけでも精神的な支えになることもあります。

06 男性社員の育休事情

Q うちの会社では、男性社員の育休取得実績はまだありません。最近は、男性社員の育休取得率向上に取り組む会社があるようですが、職場にはどんなメリットがあるのですか？

自社の男性の育児休業取得率はどのくらいかご存じでしょうか？

政府は、2020年に13％という目標を掲げていますが、最新の統計（厚生労働省「平成30年度雇用均等基本調査（速報版）」）で6.16％と、目標には遠い状況にあります。この6.16％という数字のなかには、ごく短期間の育児休業取得も含まれています。

その一方で、３歳未満の子どもをもつ20～40歳代の男性正社員のうち、**育児休業を利用したかったが利用できなかった人の割合は３割**にものぼります（三菱UFJリサーチ＆コンサルティング「平成29年度仕事と育児の両立に関する実態把握のための調査」）。

皆さんの会社には、たとえば、長期勤続者対象の長期休暇制度があるかもしれません。長期勤続者に対する長期休暇については、お互いに融通し合って取ろうとする職場が多いのではないでしょうか。

ところが、同じような期間（たとえば、１週間や２週間）であっても、男性は育休を取りにくい現状があります。

男性が育児休業を取得しにくい背景には、育児は女性がするものだという固定的な性別役割分担意識がいまだ職場に残っていること、男性の育児休業取得の前例がない組織が多いこと、女性の育児休業取得者が肩身の狭い思いをしているのを見聞きしていることなどがあるでしょう。

一方で、最近は、男性の育休取得率向上を目標としている会社や、男性の育休を義務化する会社が出てきています。

男性の育休取得を推進することは、男女問わず、

①仕事のやり方を見直し、職場全体の残業削減につながる。
②職場内で子育ての実情をお互いに理解することができる。
③家庭も大切にしたいと考える男性社員の従業員満足度が上がる。

など、職場全体の生産性向上につながります。

COLUMN

安定した家庭生活は仕事へのモチベーションにつながる

役割や業務によっては、育児休業の取得が難しいと本人が判断するケースもありますが、そのような場合でも有給休暇を利用することから、職場で推奨するとよいでしょう。

赤ちゃんが生まれてから一番早く取れる休日に、まる1日赤ちゃんのお世話を担当します。その目的は、

①妻が体調不良などの緊急対応時に、代わりにできるように赤ちゃんのお世話に慣れること
②妻に休息をプレゼントすること
③赤ちゃんのお世話の大変さを少しでも分かち合い、妻に心からのねぎらいの言葉をかけてあげること

です。妻にひとことでもねぎらいの言葉をかけ、「今日はどうだった？」と話を聴くだけでも、子育て生活・家庭生活の安定につながります。

6章

信頼関係をもとに業務の質を保つ体調不良のQ＆A

体調不良の相談対応で女性部下は
「上司が自分のことを信頼しているか否か」を敏感に感じ取り、
それが仕事のモチベーションを左右します。
組織全体の業務の質を落とさないという視点に立って対応しましょう。

01 体調不良による休暇の申し出があったら？

Q 「体調があまりよくないので今日の午後と明日、お休みをいただいてもよろしいでしょうか？」と突然言われても、繁忙期で業務が立て込んでいて、他の人に仕事を振ることも難しい状況。体調不良はしかたのないことだけど……。

確かに、「繁忙期に急なお休みはできればしてほしくない」という本音は、わかります。思わず口をついて出てしまうのは、次のような言葉かもしれません。

\NG/

「あー、それは困ったな。繁忙期でもあるし、もっと早く言ってもらわないと。で、休んでも担当業務は大丈夫なの？　滞らないように、誰かにきちんと引き継いでおいてよ」

ギリギリの人員で業務を回しているとそう言いたくなる気持ちはわかりますが、体調が悪いときに、本人を責めたところで体調はよくなりません。また、それで無理をして業務を続けてもミスが起こる可能性が高くなり、かえって周りのメンバーの負担が増えてしまうことにもなりかねません。

繁忙期に休みたいと申し出ているということは、よほどのことだと信じて、まずは安心して休み、体調回復に努めてもらいましょう。

大事なのは、部署全体として業務の質を落とさないことです。業務の引き継ぎは本人任せにせず、管理職から引き継ぐ人に業務を依頼することで、個人的な依頼ではなく、管理職から部下への業務指示であることを明確にしましょう。また、ギリギリ・バタバタはミスを引き起こしやすく、頼まれるほうも負担が大きいものです。

休みが長引く可能性も踏まえて業務引き継ぎをしておく必要がないか、確認しておくとよいでしょう。

＼OK／

①気づかう

「大丈夫ですか？　体調が悪いなか、出勤してくれたのですね。まずは体調がよくなるよう、ゆっくり休んでください」

②確認する

「明日までの休みでよくなりそうですか？　万が一、３日間休みとなった場合に備えて、引き継いでおいたほうがいい業務を挙げてもらえますか？」

「では、それを○○さんに引き継いでもらいましょう。私から○○さんに依頼するので、詳しくはあなたから説明してください」

③依頼する

「様子を聞かせてもらいたいので、明日の夕方に一度電話をもらえますか？」

④気づかう

「お大事にしてください」

休んだ本人が出勤したときには、本人に体調を確認するだけでなく、休み中にカバーしてくれたメンバーに管理職としてお礼を伝えます。そうすることで男女問わず、お互いの事情（子育て、病気、介護など）に合わせて助け合う組織づくりを進めていくことができます。

02 体調不良による休暇が頻繁だったら？

Q 体調不良による休暇申請が頻繁にある、あるいは長期間続いているようなケースには、どのように対応したらいいのでしょうか？

特に男性管理職にとって、女性社員の体調について突っ込んで聞くとセクハラだと訴えられそう、妊娠や女性ホルモンの影響による体調不良かもしれず聞きにくいと感じ、対応に悩むというケースがあります。

あなたが聞きにくいということは、女性社員も話しにくい内容である可能性があるということを忘れないようにしましょう。

\NG/

①聞きにくかったので聞かずにいたら、いつの間にか時が経ち、聞くタイミングを失ってしまった。
②体調不良の申し出があったその場で、「具体的にどのような症状なのですか？　病名がわかっているならきちんと説明ください」とプライバシーへの配慮もなく、踏み込みすぎてしまった。

管理職として、部下の体調について、どのように把握したらいいのか、そして社内で体調の情報共有をする場合の注意点を確認します。

女性社員の健康面の問題が業務に支障をきたしているようであれば、管理職が、面談を実施することは労務管理の一環と考えられます。

「面談の場を設けるので、業務上、必要な範囲で、体調のことをもう少し詳しく聞かせてもらえますか」と提案します。

ただし、面談設定について、職場内で聞こえるような声で伝えるのではなく、必要に応じてメールで伝えるなど、配慮しましょう。

\OK/

①約束する

「個人的なことなので話しにくいと感じるのはもっともだと思います。でも、あなたの同意がなければ、聞かせてもらった内容を社内の人に話すことはありません」

②意向を確認する

「業務に支障が出ているので、今後の業務をどうしていくかを検討するために必要な体調面に関する情報を、最小限で構わないので聞かせてもらえませんか」

なんでも根掘り葉掘り聞くことは、プライバシーの観点から問題があるだけでなく、信頼関係にも悪影響を与えます。

女性社員が率直に話してくれるかどうかは、日頃の信頼関係によります。加えて、体調不良という理由でお休みをしていても、妊娠や流産、不妊治療のために休んでいる女性社員もおり、管理職にも職場にも話にくいというケースもあります。

１回目の面談では話しにくかったとしても、働く仲間として大切にしていること、同意がなければ口外しないことが理解されれば、何度か面談を重ねるうちに、話してくれるようになることも珍しいことではありません。

さらに、健康面に問題があれば、産業医等につなげるか、専門の医療機関を受診するようすすめることも必要です。管理職である皆さんだけで対応が難しければ、本人の同意を取ったうえで人事部門等と連携するとよいでしょう。

03 生理休暇の取得で同僚に不信感が広がっていたら？

Q 生理休暇を毎月、何日も取る女性社員がいて、同じ職場の女性社員から「おかしいのではないか」という声が上がっているのですが、どうしたらいいでしょうか？

生理による不調は個人差が大きく、周囲に生理による不調を訴える女性がいないという人もいれば、倒れてしまうほどひどい不調を知っているという人もいます。そのため、**職場での「生理休暇」の理解度、許容度には差があり、女性だから理解があるわけでもありません。**

また、生理休暇を申し出るのは恥ずかしいので、有給休暇を取る人も少なくありません。平成27年度の「雇用均等基本調査」によれば、女性労働者のうち、生理休暇を請求した人はわずか0.9％しかいません。

NG

「職場のメンバーから、あなたの生理休暇の取り方がおかしいという声があがっているのですが、それについてどう思っていますか。本当に仕事ができないほどの体調不良で休んでいるのですか？」

このように疑われているように感じる状況では、素直に話すことはできませんし、ましてや内密にしてほしいと思っている相談ごとを話してみようという気にはならないのではないでしょうか。

法令　**生理休暇**

労働基準法第68条（生理日の就業が著しく困難な女性に対する措置）に、「使用者は、生理日の就業が著しく困難な女性が休暇を請求したときは、その者を生理日に就業させてはならない」と定められている。半日でも時間単位でも、証明書を出す必要はなく、本人の請求（自己申告）のみで取得することができる休暇である。

まずは、先入観をもたずに、事実を確認することを意識して聞いていきます。

＼OK／

①考えを聴く

「生理休暇のことで少し話を聞かせてほしいのですが、いいですか。最近、職場のメンバーから、あなたの生理休暇取得について、おかしいのではないかという話が出ていることに気づいているかもしれませんが、どう思いますか？」

②確認する

「生理休暇は労働基準法に定められているもので、必要な休暇を取ることは問題ありません。でも、おかしいと周りの人から思われている状況は、あなたにとっていいことではありません。誤解であれば、周りに理解をしてもらうことも必要です。話せる範囲であなたの状況を聴かせてもらいたいと思っています」

③事実を確認する

「毎月、とてもつらい症状が続き業務に支障があるなら、病院に行くことも必要だと思いますが、いかがですか？」

このような流れで、**「生理休暇の法的な位置づけ」「つらい症状への気づかい」「業務に支障が出ている事実」**を確認していきます。

そのなかで、本人の生理休暇に対する誤解（業務に支障がなくても休みを取っている等）や担当業務に対する責任感の甘さ（医師の投薬指示に従っていない等）があれば、指導をしましょう。

職場内で「おかしい」と思っている状況を放置していると、職場環境が悪くなります。職場での誤解を解くために、**職場の誰にどの範囲の情報を共有していいのか、本人の同意を取りましょう**。

続いて、職場の女性社員に、たとえば次のように話を聞きます。

＼OK／

- 「生理休暇は、労働基準法で定められている、生理日で著しく仕事をすることが困難な女性社員に認められている休暇です」
- 「それでもおかしいと感じているのはどういった理由なのかを聞かせてもらえますか」

その際、事実はわかりませんので、**安易に「わかる」「そうだよね」等、同調や同意と取られるような相づちは使わないよう注意しましょう**。

そして、生理休暇を取っている本人に事実確認をしたことのなかで、本人からの同意が得られた情報を共有し、誤解を解き、理解を促します。

なお、職場内から「あの女性社員の休暇の取り方はおかしい」という声があがるのは、**その女性社員の働きぶりがそもそも職場内で認められていない場も少なくありません**。体調面だけでなく、働く意識や姿勢についての指導、長期的な面談対応が必要なこともあります。

図21 ［参考］管理職が知っておきたい月経（生理）に関連する症状・病気

①月経前症候群（PMS）

月経開始の3～10日前から始まるさまざまな心身の不快な症状で、月経が始まると、症状が軽減または消失するものを月経前症候群（PMS）という。イライラ、怒りっぽい、下腹部痛、頭痛、むくみ、眠気など、症状の種類や程度は人によって異なる。全女性の約40％は月経前に何らかの症状があり、2～10％は日常生活に支障をきたしているとの報告もある。

②月経困難症

月経時に強い下腹部痛や腰痛などが起こり、日常の生活ができなくなるものを月経困難症という。
特に体に異常がないのに、体質などによって症状が起こる「機能性月経困難症」は10～20代に多く見られ、月経の1～2日目に症状が強く、その後1日で軽減することが特徴としてあげられる。
一方、子宮筋腫や子宮内膜症などの病気が原因となって起こる「器質性月経困難症」は、30歳以降に多く見られる。月経痛が急に強くなったり、段々痛みが増し、鎮痛薬を数日間服用しないといられなかったりという場合は、器質性が疑われる。

③月経不順

個人差はあるが、一般的に正常の月経周期は25～38日、持続日数は3～7日で、月経周期または持続日数がこの範囲から外れた場合を月経不順という。治療したほうがよいもの、経過観察でよいものもある。

「年代別女性の健康と働き方マニュアル」（NPO法人女性の健康とメノポーズ協会編著）
30～33ページ参照

7章

働きやすい職場をつくるハラスメント対策のQ&A

ハラスメントのなかでも、管理職が女性部下の育成・指導の際に対応に迷うことの多い「セクシュアルハラスメント」と「マタニティハラスメント」。リスクを避けながら、社員全員が働きやすい職場づくりにつながるハラスメント対策を解説します。

01 取引先から食事に誘われて困っていたら？

Q 女性部下がお客様の○○さん（男性）からしつこく食事に誘われています。何度も断っているようなのですが、やめてもらえなくて困っています。上司として、どうしたらいいですか？

管理職として「ただ誘われているだけ」「大事なお客様だし」と判断して、そのまま様子見（放置）していいのでしょうか。

\NG/

「お客様だしね……。誘われているだけなのだし、もう少し様子を見てもらえますか？」

キャリアコンサルティングのなかで受ける、セクシュアルハラスメント（以下、セクハラ）の相談で多いのは、このケースのような相談です。嫌だと思っているけれども、食事に誘われたからといって性的な意味合いはないのかもしれない、相談して「勘違いでは？」と言われたら恥ずかしい等という思いがあり、職場では相談しにくいのです。

だから、キャリアコンサルティングの“ついで”に、「勘違いかもしれないのですが……」と遠慮がちに相談してきたり、「これっておかしいと思いませんか？」と憤りを伝えてくるのだと思います。

セクハラと聞くと、性的関係を強要されたり、身体を触られたり、性的な含みがあるメールを受け取ったりなど、明らかなケースだけを想像しがちですが、このケースもセクハラ（環境型セクハラ）にあたる可能性が十分あります。ですから、放置するのではなく、積極的な対応が求められます。

＼OK／

「お客様だからといって、何でもしていいわけではありません。会社として、ハラスメントを許さない職場づくりを進めていますので、あなたの嫌だなという気持ちを最優先に今後は私も一緒に対応していきたいと思いますが、いいですか？」

このケースのような場合、性別差別意識が根底にある人からは、「女性として、うまくやってよ」という反応が出てきます。

しかし、時代は変わり、世間の目も変化しています。会社のリスク管理の観点だけでなく、誰もが働きやすい、誰もが力を発揮できる職場づくりの観点からも、相談しにくい気持ちを乗り越えて、大きな問題に発展する前に相談してきてくれたことは、歓迎されるべきことなのです。

「職場におけるセクハラ」とは何かを確認していきましょう。

法令　男女雇用機会均等法

第11条（職場における性的な言動に起因する問題に関する雇用管理上の措置）

1．事業主は、職場において行なわれる性的な言動に対するその雇用する労働者の対応により当該労働者がその労働条件につき不利益を受け、又は当該性的な言動により当該労働者の就業環境が害されることのないよう、当該労働者からの相談に応じ、適切に対応するために必要な体制の整備その他の雇用管理上必要な措置を講じなければならない。

具体的には、［男女雇用機会均等法第11条２項に基づく指針］に詳しく説明されています。
「職場におけるセクハラ」には、「対価型セクハラ」「環境型セクハラ」の２つがあります。

・**対価型セクシュアルハラスメント**

……職場における労働者の意に反する性的な言動に対する労働者の対応により、当該労働者が解雇、降格、減給等の不利益を受けること。

たとえば、「ある女性社員に対して、管理職がしばしば二人きりで食事に行こうと誘っていたが、当該女性社員がやめてほしいと抗議したところ、降格させられた」といったケースです。

・**環境型セクシュアルハラスメント**

……職場における労働者の意に反する性的な言動により労働者の就業環境が不快なものとなったため、能力の発揮に重大な悪影響が生じるなど、当該労働者が就業するうえで看過できない程度の支障が生じること。

たとえば、「同僚が他の部署の同僚に、ある女性社員の性的関係について意図的かつ継続的にふれまわったため、当該女性社員が苦痛に感じて仕事が手につかなくなった」といったケースです。

相談を受けても管理職としては判断に迷うことが多々あると思いますが、指針では「職場におけるセクハラが現実に生じている場合だけでなく、その発生のおそれがある場合や、職場におけるセクハラに該当するか否か微妙な場合であっても、広く相談に対応し、適切な対応を行なうようにすること」とも定めています。

セクハラの小さな芽をないものとしたり、「だから、あの人はダメだよね」と人を敵視するだけで済ませてしまう「問題を隠す」職場からは、ハラスメントはなくなりません。
「この発言はどうなんだろう？」とお互いに相談したり、話し合うことができる、**気軽に言い合える「問題が見えている」職場を目指していき**

ましょう。

昨今のハラスメント研修のニーズより、「情報提供型」の研修から、日頃の言動を振り返る「話し合い型」の研修へと比重を移していく時期に入っていると感じます。

その第一歩として、ハラスメントを許さない職場づくりに向けて、管理職は「セクハラか否かにかかわらず、気になることがあったらすぐに管理職などに相談できる、管理職などに相談してもらえれば、公正・公平に対応すること」を職場に伝えます。

ハラスメントの加害者が職場の上司や同僚である場合など、被害者が上司には相談しにくいケースもあります。その場合には会社の相談窓口に相談することになりますが、これはとても勇気がいることです。相談したところで、信じてもらえない、取り合ってもらえないかもしれないと心配になることもあるでしょう。

人事部門などに日常的に話しやすい相談担当者を置くことで、そういった心配を減らし、ハラスメントを許さない職場づくりを進めている企業もあります。相談しやすさのコツは、相談担当者が相談を待つだけではなく、自分から各職場に定期的に訪れるなど顔が見える関係を築く努力をすることです。

一方、管理職や人事部門による相談対応を周知していたにもかかわらず、公的な相談機関（たとえば、「各都道府県の労働局雇用均等室」）や法律事務所などに直接相談する人も少なくありません。「なんで外部に直接相談するんだ？　なんで社内でまず相談してくれないんだ？」という気持ちになるかもしれませんが、それだけハラスメントは社内では相談しにくいものであり、もみ消されてしまうのではないかと不安になるものだと理解しておくとよいでしょう。

それでは、冒頭のケースについて、相談対応例を見ていきましょう。

\ OK /

①気づかう、感謝する

「断ってもしつこく誘ってくるということは、少し前から対応に困っていたのですね。相談してきてくれてありがとうございます。体調などには影響はありませんか？」

女性社員「体調面は問題ありませんが、本来の仕事の電話だったときでも、気が滅入ります」

②伝える

「そうでしたか、電話がかかってくるだけで負担になっているのですね。お客様だからといって、何でもしていいわけではありません。会社として、ハラスメントを許さない職場づくりを進めていますので、あなたの嫌だなという気持ちを最優先に今後は私も一緒に対応していきたいと思いますが、いいですか？」

女性社員「はい、お願いします」

③依頼する

「ありがとうございます。まずは、事実を記録しておくことが大事ですので、これまでの状況を『日時、手段・場所、具体的な相手の行為、それに対するあなたの対応（日時、手段・場所を必ず入れる）』を書き出しておいてもらえますか？」

女性社員「はい、すぐにやっておきます」

④意向を確認する

「よろしくお願いします。今後の対応ですが、私や会社にこうしてほしいということはありますか？」

女性社員「課長から〇〇さんにやめてほしいと言って、解決すればいいのですが……。仕事がやりにくくなりますよね……」

⑤意向を確認する

「会社対会社の関係を心配する必要はありません。かなり負担になっているのであれば、事実関係を確認させてもらった後で、早急に担当を変えることも検討します」

女性社員「そうですね、これ以上続くのであれば担当を変えてもらうことをお願いするかもしれませんが、まずはもう一度、私から断ってみます。今日、課長に相談できたので、これ以上続くなら、課長から〇〇さんの上司に申し入れてもらうといいかもしれません」

⑥伝える

「精神的に負担にならないのであれば、そうしてみましょう。先ほどお願いした記録ができたら報告してください。また困ったことが起きたら、遠慮なくすぐにご相談ください。他に何か気になっていることはありませんか？」

女性社員「ありがとうございます。今のところ大丈夫です」

⑦約束する

「はい。今日の相談内容については、社内の担当部署への報告以外では、一切、口外することはありませんのでご安心ください。
私も人事部のセクシュアルハラスメント相談担当者の助言と協力を得ながら、ハラスメントを許さない職場づくりを進めていきますので、今後もご協力をお願いします」

女性社員「はい、こちらこそよろしくお願いします。今日はありがとうございました」

相談を受けたら、その相談内容がハラスメントに該当するのか否かを、管理職がその場で判断する必要はありません。また、管理職が自分一人ですべてを背負い込むのではなく、社内のハラスメント相談担当者の助言・協力を得ながら対応していきます。

相談してきてくれたことに対して感謝の気持ちを伝え、本人の意向を確認しながら、会社として、ハラスメントを許さない職場づくりを進めていくことを約束しましょう。

「同僚からの個人的な食事の誘いを断り切れずに一度一緒に行ったら、頻繁に誘いがくるようになって困っている」といったケースでも、同様に対応していくとよいでしょう。

せっかく勇気を出して相談したのに意味がなかった、相談しなければよかったと思わせてしまうことがないよう、次のような言葉や態度を取らないことを頭に入れておくとよいでしょう。

\NG/

・相談者にも問題があるような発言

「あなたの行動にも問題があったのではないか」

「あなたにも隙があったのではないか」

「考えすぎではないか」

・不用意な慰め

「あなたが魅力的だから、ついやってしまったのでは」

「あなたが優秀だから、将来を考えて言ってしまったのでは」

・行為者を一般化するような発言

「男性（女性）はみんなそのようなものだ」

・きちんと対応する意思を示さない発言

「また今度何かあったら連絡してください」

「そのくらいのことは我慢したほうがよい」

「彼（彼女）も悪い人ではないから大げさにしないほうがよい」

・相談者の意向を退け、個人的見解を押しつけるような発言
「上司に謝罪させたら、職場に居づらくなるのではないか」

『職場におけるハラスメント対策マニュアル』（厚生労働省）より

セクハラを許さない職場づくりに向けた基本的事項を、職場のメンバー全員が意識して行動するよう、共有しておきましょう。

基本的な心構え

・性に関する言動に対する受け止め方には個人間で差があり、セクハラに当たるか否かについては、相手の判断が重要であること。
・親しさを表すつもりの言動であったとしても、本人の意図とは関係なく相手を不快にさせてしまう場合があること。
・この程度のことは相手も許容するだろうという勝手な憶測をしないこと。

セクハラになり得る言動例

・食事やデートにしつこく誘うこと。
・「男の子、女の子」、「おじさん、おばさん」などと呼ぶこと。
・体調が悪そうな女性に「今日は生理日か」、「もう更年期か」などと言うこと。
・「男のくせに根性がない」、「女には仕事を任せられない」などと発言すること。

「人事院規則10-10（セクシュアル・ハラスメントの防止等）の運用について」
（人事院事務総長発、最終改正：平成28年12月1日職職-272）より抜粋

02 妊娠を機に辞めてもらいたいが、マタハラになるか？

Q 前々から勤務態度が悪く、能力が不足していた女性社員が妊娠しました。彼女の勤務態度によって、職場の士気も下がってしまっています。妊娠にともなう休暇も増えているので、これを機に、辞めてもらいたいと思っていますが、どうしたものでしょうか？

妊娠というおめでたいできごとが、退職勧告の検討のきっかけになるのは大変残念なことですが、私も相談を受けることがあります。

管理職として女性社員の育成・指導に腐心してきて、かなりの時間を割いてきたけれども、仕事に身が入らない、職場のメンバーとの信頼関係の回復も望めず、困っていたところで、妊娠したという状況です。

このような場合、「妊娠・出産・育児休業等を契機とする不利益取扱いに係るQ&A」（厚生労働省）や、独立行政法人労働政策研究・研修機構のWEBサイトにある雇用関係紛争判例集「【女性労働】産前産後・育児・介護休業の取得に対する不利益な取扱い」（https://www.jil.go.jp/hanrei/conts/03/18.html）等を参考に、慎重に対応を検討する必要があります。

2014年に最高裁は「妊娠による降格は原則禁止で、女性が自由意思で同意しているか、業務上の必要性など特殊事情がなければ違法で無効だ」と初の判断を示しました。詳細は紹介した判例集等を読んでいただきたいのですが、不利益取扱いがマタニティハラスメント（マタハラ）でないと解される要件はかなり厳しいものであり、安易な不利益取扱いは認められないものと認識しておいたほうがいいでしょう。

いずれにしても、妊娠、出産にかかわらず、日常から女性社員に現状の評価を伝え、改善への努力・協力を求め、公平・公正に育成・指導に注力すること、十分に話し合うことが大切だといえます。

次の「妊娠・出産・育児休業等を契機とする不利益取扱いに係るQ&A」（厚生労働省）を参考に、対応を検討するとよいでしょう。

「妊娠・出産・育児休業等を契機とする不利益取扱いに係るＱ＆Ａ」（厚生労働省）

妊娠・出産・育児休業等を「契機として」いても、「業務上の必要性」から不利益取扱いをせざるを得ない状況であると判断される場合は、法が禁止している妊娠・出産・育児休業等を「理由とする」不利益取扱いではないと解されるケースがあります。

たとえば、本人の能力不足・成績不良・態度不良等を理由とする場合、以下の事項等を勘案して判断します。（ただし、能力不足等は、妊娠・出産に起因する症状によって労務提供ができないことや労働能率の低下等ではないこと）

①事業主側の状況（職場の組織・業務態勢・人員配置の状況）

- 妊娠等の事由の発生以前から能力不足等を問題としていたか
- 不利益取扱いの内容・程度が、能力不足等の状況と比較して妥当か
- 同様の状況にある他の（問題のある）労働者に対する不利益取扱いと均衡が図られているか
- 改善の機会を相当程度与えたか否か（妊娠等の事由の発生以前から、通常の（問題のない）労働者を相当程度上回るような指導がなされていたか等）
- 同様の状況にある他の（問題のある）労働者と同程度の研修・指導等が行なわれていたか

②労働者側の状況（知識・経験等）

- 改善の機会を与えてもなお、改善する見込みがないと言えるか

03 妊娠・出産等に関するハラスメントはどう判断される？

Q「こんなことを言ったらハラスメントになるかな？」と考えると、部下に声をかけるのを躊躇してしまったり、面倒だからやめておくこともある。かえって、コミュニケーションが減ってしまっていて、よくないとは思うのですが……。

この悩み、よく聞きます。ハラスメントに対する過度な反応なのですが、よくわからないものを避けるというのは自然な反応なので、「おかしい」と責めるだけでは解決しません。

管理職としては、発言の前に、相手に対する配慮があるのかどうかを考える必要があります。そして、もし発言後、相手に対する配慮ではなく、自分の価値観や興味本位の発言であったと気づいたら、それを認め謝罪する、この積み重ねが必要です。

女性の側にも、一方的に責めるのではなく、協力をする姿勢が求められます。日頃から、職場の全員でハラスメントを許さない職場づくりをしていくこと、気になることは事実（具体的な状況や発言内容）と感情（それをどのように感じたのか）に分けて相談するよう、伝えておきましょう。

たとえば、「ずいぶんお腹大きくなったね」。これはセクハラでしょうか？　セクハラではないでしょうか？

＼NG／

「ずいぶんお腹大きくなったね（じろじろと見る）」

視線や態度から、相手が性的な興味本位からの発言だと受け取った場合には、ハラスメントとなり得ます。

＼OK／

「ずいぶんお腹大きくなったね。業務や通勤、大丈夫ですか？　困っていないですか？」

一方、身体的な特徴には触れていても、管理職として**職場や業務の全体最適や安全配慮の必要性から、言うべきことは言う**必要があります。

なお、業務分担や安全配慮等の観点から、次のような「業務上の必要性に基づく言動」については、職場における妊娠、出産等に関するハラスメントには該当しないと、『職場におけるハラスメント対策マニュアル』（厚生労働省）に定められています。

＼OK／

・「制度等の利用」に関する言動の例

ア）業務体制を見直すため、上司が育児休業をいつからいつまで取得するのか確認すること。

イ）業務状況を考えて、上司が「次の妊婦健診はこの日を避けてほしいが調整できるか」と確認すること（強要しない）。

ウ）同僚が自分の休暇との調整をする目的で休業の期間を尋ね、変更を相談すること（強要しない）。

・「状態」に関する言動の例

ア）上司が、長時間労働をしている妊婦に対して、「妊婦には長時間労働は負担が大きいだろうから、業務分担の見直しを行ない、あなたの残業量を減らそうと思うがどうか」と配慮（※）する。

イ）上司・同僚が「妊婦には負担が大きいだろうから、もう少し楽な業務にかわってはどうか」と配慮(※)する。

ウ）上司・同僚が「つわりで体調が悪そうだが、少し休んだほうがよいのではないか」と配慮(※)する。

※配慮については、妊婦本人はこれまで通り勤務を続けたいという意欲があっても、客観的に見て、体調が悪い場合は業務上の必要性に基づく言動となる。

『職場におけるハラスメント対策マニュアル』（厚生労働省）参照

厚生労働省の『職場におけるハラスメント対策マニュアル』には、職場における妊娠・出産等に関するハラスメントとは、「上司・同僚からの言動（妊娠・出産したこと、育児休業等の利用に関する言動）により、妊娠・出産した『女性労働者』や育児休業等を申出・取得した『男女労働者』等の就業環境が害されること」と記載されています。

具体的には、次のような言動がハラスメントに該当します。

＼NG／

①制度等の利用への嫌がらせ型

・上司が産休取得の相談に対して、「休みを取るなら辞めてもらう」と言った。
・上司が時間外労働免除の相談に対して、「次の査定の際は昇進しないと思え」と言った。
・上司・同僚が時短勤務に対して、「自分だけが時短勤務をしているなんて周りを考えていない、迷惑だ」と言った。

②状態への嫌がらせ型

・上司へ妊娠報告したところ、「他の人を雇うので、早めに辞めてもらうしかない」と言った。
・上司・同僚が「妊娠するなら忙しい時期を避けるべきだった」と執拗に言い業務に支障が出ている。

『職場におけるハラスメント対策マニュアル』（厚生労働省）より

なお、妊娠・出産等したこと、育児や介護のための制度を利用したこと等を理由として、事業主が行なう解雇、減給、降格、配置転換といった行為は、ハラスメントではなく、男女雇用機会均等法や育児・介護休業法に定められている「不利益取扱い」となり、法令違反です。

04 妊娠にともなって同僚との関係がぎくしゃくしていたら？

Q 妊娠して大変なのはわかるが、職場で業務をカバーしてもらっているのに当たり前のような顔をしているため、同僚との関係がぎくしゃくしてしまっています。どう指導したら、いいでしょうか？

次のＮＧ例は、管理職として、職場のメンバーの言いたいことを代弁して伝えています。ただ、職場のメンバーも本人に直接言いにくいから管理職に伝えたのに、このように直接的な言葉で本人に言われてしまってはバツが悪いのではないでしょうか。

\NG/

「大変なのはわかるけど、カバーしてもらって当然のような顔をされては、みんなもいい気持ちしないし、何とかしてほしいって言っているよ」

「妊婦なんだから業務を減らしてもらうのは当然」という気持ちがある妊娠中の女性社員もいるかもしれません。そういう人であればなおさら、ＮＧ例のような伝え方では、自分は悪くない、妊婦である自分を悪く言う周りの人が悪いという思いを強くするだけで、何も解決しない可能性が高いのです。

妊娠中の女性社員がなぜ、カバーしてもらって当然のような顔をしているように見えるのか、いくつかの可能性を頭に浮かべてみましょう。

女性社員にとって、妊娠中は自分自身の体調であってもどうなるのか、どの程度無理がきくのかもわからないため、とても不安なものです。体調が悪ければ、なおさら不安も大きいことでしょう。

そのため、女性社員にも気持ちの余裕がなく、職場でカバーしてくれている同僚に感謝の気持ちが伝えられていないのかもしれません。また、迷惑をかけて悪いなという気持ちが先に立ち、同僚とのコミュニケーションを遠慮したり、無意識に避けているのかもしれません。

このように、女性社員の状況を想像しながらも、職場の仲間としての信頼を下げてしまっているとしたら、**管理職として率直に指摘・指導することはハラスメントではありません**。

それでは、冒頭のケースについて、相談対応例を見ていきましょう。

\OK/

①体調を確認する

「体調はどうですか？　段々、お腹が重くなってきて、通勤もかなり負担になっているのではないですか？」

女性社員「今のところ体調は問題ありません。時差通勤と残業なしで帰らせていただいているので、通勤は特に大変ではありません。ありがとうございます」

②面談の目的を伝える

「気になることがあれば、いつでも相談してください。ところで今日、時間を取ってもらったのは、最近の職場でのあなたの様子で気になっていることがあって、話を聞きたいと思ったからなのです」

女性社員「はい、どのようなことでしょうか？」

③現状認識を聞く

「最近、あなたと職場のみんなが、何となくぎくしゃくしているように感じているのですが、あなたはどのように感じていますか？」

女性社員「実は、私もそんな感じがしています」

「きっかけなど、何か思い当たることはありますか？」

女性社員「電車が混む前に帰らせてもらっていますが、月末、皆さんがかなり忙しい状況だったときに、電話を取らずに帰ってしまったことがありました。もしかしたら、そういったことが他にもあるのかもしれません」

「そういったことがあったのですね。その電話を取らずに帰った翌朝、職場の皆さんにお礼かお詫びを伝えましたか？」

女性社員「いえ、特には……。申し訳ないという気持ちもあり、なんとなく皆さんと話にくくなってしまって……」

④伝える

「○○さんの申し訳ないという気持ち、伝わっていないのかもしれません。確かに、話しにくくなってしまう、そうかもしれませんね。お互いさまなので、必要以上に申し訳ないと思う必要はありませんが、今回の話で言えば、翌朝、職場の皆さんに感謝の気持ちを伝えられたらよかったと思いますが、どうですか？」

女性社員「そうですね、申し訳ない気持ちから自分で壁をつくってしまっていたのかもしれません」

「メンバーには、私からも声をかけていきますので、○○さんも助けてもらったことに気づいたときには感謝の気持ちを伝えるようにしてください。

逆に、○○さんが妊娠中でもメンバーのためにできることもあるので、それについてはまた話をしましょう。お互いに協力し合えるチームをつくっていきたいので、引き続きよろしくお願いします」

常に「スミマセン……」と小さくなる必要はありませんが、折に触れて「いつもありがとうございます」「手が空いているのでできることはありませんか」「お先に失礼します」と感謝の気持ちと自分でも役に立てることを見つけていく積極的な姿勢を言葉にして伝えるように、女性社員に指導しましょう。

また、「お互いさま」の精神で助け合う職場をつくっていくために、管理職として、仕事をカバーしてくれている人に対して、折に触れて、問題や困りごとがないか声をかけ、チームのために貢献してくれるメンバーに対する感謝の気持ちを言葉で伝えるようにするとよいでしょう。

事業主が職場における妊娠、出産等に関する言動に起因する問題に関して雇用管理上講ずべき措置についての指針（厚生労働省）

妊娠した労働者がつわりなどの体調不良のため労務の提供ができないことや労働能率が低下すること等により、周囲の労働者の業務負担増大に対する配慮が示されている。

①妊娠等した労働者の周囲の労働者への業務の偏りを軽減するよう、適切に業務分担の見直しを行なうこと。

②業務の点検を行ない、業務の効率化等を行なうこと。

③妊娠等した労働者の側においても、制度等の利用ができるという知識を持つことや、周囲と円滑なコミュニケーションを図りながら自身の体調等に応じて適切に業務を遂行していくという意識を持つこと等を、妊娠等した労働者に周知・啓発することが望ましい。

8章

長期的な視点で育てるキャリア支援4事例

働き続けるのであれば、成長したい、役に立ちたい。
真剣に自分や仕事と向き合い続けてきた
4人の女性社員のインタビュー事例を紹介します。
管理職として、長期的な視点でどのように育てていったらいいのかを
考えるきっかけとして活用してください。

01 長期的な視点で育てるために

女性活躍が進んでいる企業と遅れを取っている企業の差は広がっていますが、全体としては、働き続けることを希望すれば実現できる時代になってきています。

働き続けるのであれば、成長したい、役に立ちたい、それを実感できるような機会がほしい。女性社員たちの声です。

本章で紹介する事例は、"普通"に働く女性に次の切り口でインタビューしたものを、個人が特定されない形に再構成したものです。

・どのような仕事をしてきたか
・どのような思いで仕事をしているか
・仕事での岐路は何か
・仕事での岐路で大切にしてきたことは何か
・仕事での将来的な夢は何か

これらの切り口は、キャリアビジョン（仕事を通じて何を実現していきたいか、どのような自分でありたいか）につながる問いでもあり、女性部下との面談においても活用できます。

事例を読むと、職場では上司に熱く自分を語ることがない女性であっても、それぞれに真剣に自分、職場の仲間、仕事、お客様と向き合い続けていることを感じ取っていただけるでしょう。

では、管理職として、女性社員を長期的な視点で育てるためにはどのような関わりができるでしょうか？

管理職ができることは、女性部下が「キャリアビジョン（仕事を通じて何を実現していきたいか、どのような自分でありたいか）」を考える材料を提供すること、「キャリアビジョン」を話す機会をつくること、「キャリアビジョン」の実現に向けて、できていることと課題は何かをきめ細かく伝えていくことです。

具体的には、次のような関わりをもつとよいでしょう。

①会社の方針や組織の目指す姿などについて、女性社員にも情報共有する。

②１年に１回、もしくは何らかのキャリアの節目（昇進昇格、新しい役割を任せるなど）に、女性社員の仕事に対する考えを聴く、長期的なキャリアビジョンを話し合う機会をつくる。

③役割と責任範囲を少しずつ広げ、成功・失敗体験を積みながら、管理職候補を数年かけて段階的に育てる。

④３カ月～６カ月に１回、定期的な面談を設定し、できていることと今後の課題に対する女性社員の考えを聴き、それを踏まえて、上司からも評価している点と必要なアドバイスを伝える。

⑤日常的に、対面・非対面（メールやメッセージアプリなど）で、随時相談にのり、疑問や不安を長引かせないよう、きめ細かく励ましやアドバイスを伝える。

ぜひ、女性社員に期待をかけ、言葉をかけ、長期的に育てていくことを考えるきっかけとして活用していただければと思います。

02 誰かの役に立ちたいと思っている女性社員

Ａさん（36歳・既婚・小学生の子１人）は、出産を機に前職を退職し、現在は地元のクリニックで受付と医療事務として働いています。

「役に立っている実感」を求め続けるＡさんの事例をヒントに、女性部下の成長に向けた関わりについて考えていきましょう。

――どのような仕事をしてきたのですか？

出産を前に、通勤時間が長いこと、残業が多いこと、私だけが担当する業務が多く、代わりがいないために負担が大きいこと、何よりも職場で意見を言っても真剣に聞いてもらえないことに失望したことから、仕事と子育てを両立していけるとは思えず、前職を28歳で退職しました。

今の仕事は、自宅から近い内科小児科クリニックの受付と医療事務で、子どもが小学校に入学したのを機に、未経験で始めました。特に冬は、たくさんの患者さんが朝から晩まで来院されるので、笑顔とてきぱきとした対応、温かい声かけを大切にしています。

――どのような思いで仕事をしていますか？

患者さんのため、親御さんの不安に応えるために、真剣に仕事をされている院長先生のお人柄に触れて、この方と一緒に仕事をしていきたい、院長先生の役に立ちたいと思って働いています。

――仕事での岐路だったと思うことはありますか？

新卒で入社した会社を、出産を機に退職するかどうかを悩んだことです。自分で言うのもなんですが、義理堅い性格で、お世話になった方もいるなかで、退職してしまっては恩返しができないので、ほんとうに悩みました。

——仕事での岐路で何を大切にしてきたのですか？

自分の仕事に対する思いです。元々、誰かの役に立っている実感をもてる仕事をしたいと思っていました。

前職では、職場の人間関係があまりよくなく、仕事で周りの方の役に立っている、周りの方と一緒に仕事をしている実感がもてませんでした。

初めての出産・子育てで、大変でも仕事と育児の両立を頑張れる、仕事を続けていきたいと思えるには、誰かの役に立っていることを実感できる仕事でないと無理だと思いました。

——仕事での将来的な夢はありますか？

院長先生は「いつでも気軽に相談できるクリニックを実現するために、できることがあれば、どんなことでも提案してほしい」と言ってくださっています。クリニック内でもお互いに「気軽に相談できること」と「感謝すること」を大切にしていて、とても働きやすいです。

地元のクリニックなので、長く働き、いいクリニックだと聞いて来院する人が増えるよう、微力ながら力になれるとうれしいです。

Aさんの上司による成長支援

- 毎朝の朝礼で、職員全員が一言ずつ、困っていること、改善・工夫したいと思っていることを発表、共有している。
- 新年の職員会議で、目指したいクリニック像について話すだけでなく、職員全員の業務目標を共有し、協力できることを話し合っている。

\CHECK! /

☑ 部下に組織としての目指す姿を伝えていますか？
☑ 部下がどのような思いで仕事をしているか知っていますか？

03 専門性へのこだわりがある女性社員

Bさん（32歳・既婚）は、製造業X社の経理部で働いています。

経理職にこだわり、異動が実現したBさんの事例をヒントに、女性部下の成長に向けた関わりを考えていきましょう。

──どのような仕事をしてきたのですか？

新卒で入社し、最初の配属は営業所の事務（営業事務、経理、庶務）で、事務担当は先輩と私だけでした。次々に締め切りがくる業務と突発的に発生する業務にとりあえず対応するだけの日々に、「このまま今の仕事をやっていて、自分に何が残るのかな」と不安を覚えました。

担当業務のなかで、専門性を深められるのは経理だと思い、入社２年目で簿記２級を取得しました。あまり主張をするタイプではないのですが、上司に営業所を統括する経理部に異動したいと訴え続けました。

入社８年目、経理部への異動が叶いました。昨年、結婚し、子どもはほしいのですが、経理として一人前になることが先かと悩む日々です。

──どのような思いで仕事をしていますか？

正確さはもちろんのこと、役員が経営判断するための一翼を担う気持ちで、頼りにされる仕事をしていきたいです。

女性は、家庭の事情などで辞めざるを得ないこともありますので、どこに行っても通用するスキルを身につけたいとも思っています。

──仕事での岐路だったと思うことはありますか？

入社２年目に簿記２級を取り、経理部門への異動が叶わないまま５年間、日々の業務に追われていたことです。お世話になった上司と先輩がいなければ、20代のうちに経理への転職活動をしていたのではないかと思います。

――仕事での岐路で何を大切にしてきたのですか？

上司のアドバイスです。

経理の専門性を高めたいと思っているのに、経理業務はほんの一部で、仕事を続ける意味があるのだろうかと、しばしば考えていました。上司から、専門性はもっているだけでは役に立たない、専門性を活かして何ができるのか、したいのかを考えるようにとアドバイスをいただきました。

具体的には、自分の仕事の前後に誰がどのような仕事をしているのかを把握して、その人達に役に立つことをまず考えるようにとアドバイスをいただき、専門性を活かして仕事をしていくための土台をしっかりと固めることができたと感謝しています。

――仕事での将来的な夢はありますか？

今の経理部の上司によく言われることは、「現場とのネットワークを自分から広げること、経営判断を支える仕事をしているプライドをもち、行動に移すこと」です。まずは、そこを大切にして、経理として一人前になることが当面の目標で、異動希望が叶った今の夢です。

Bさんの上司による成長支援

・悩んでいるときには、すぐに気づいて声をかけている。
・指導・育成を先輩女性社員に任せきりにせず、3カ月に1回、上司、本人と先輩の3人で面談し、評価できる点やアドバイスを伝えている。

\CHECK!/

☑ 部下にはどのようなこだわりがありますか？
☑ そのこだわりを、組織貢献や本人の成長につなげるために、どんなアドバイスをしますか？

04 働き方に制約がある女性社員

Ｃさん（40歳・既婚・小学生、中学生の子２人）は、小売業Ｙ社の総務部ＣＳ推進課・お客様相談室で働いています。

子育てによる時短勤務から通常勤務に戻って１年のＣさんの事例をヒントに、女性部下の成長に向けた関わりを考えていきましょう。

――どのような仕事をしてきたのですか？

入社以来、主に電話で、お問い合わせから苦情対応までを担当しています。長女、長男を出産し、どちらも育休を１年数カ月取得、時短勤務を経て、昨年、通常勤務に戻ると同時にチームリーダーになりました。

――どのような思いで仕事をしていますか？

苦情対応はとても神経を使います。入社２年目のとき、お客様から「あなた、今、嫌だなと思って対応してるでしょ？」と言われて、はっとさせられました。わかっていたけれど、自分の気持ちって伝わるんだなと気づきました。だったら、うちの会社の商品が大好きだという気持ちが伝わるようなお客様対応をしていきたいと思いました。

私が嫌だな、不安だなと思うことは、きっと後輩もそう思うはずです。部署横断の勉強会、他部署との仕事の連携、社外研修でのスキルアップなど、やったほうがいいと思うことは何でも上司に相談してやってきました。

――仕事での岐路だったと思うことはありますか？

１つ目は、私の積極性が気に食わなかったのでしょう。女性の先輩からそれとなくキツイ言葉をかけられるようになり、数カ月続きました。でも、後輩たちは「気にしないでやりましょう！」と応援し続けてくれました。

上司も常に気にかけてくれました。

２つ目は、チームリーダーを任されたことです。遅くても18時に退社しないと学童の迎えが間に合わないので、上司からリーダーを打診されたとき、一度はお断りしました。でも、上司に「どうしたら限られた時間でもリーダーができるのか、新しいリーダー像を一緒に考えながらつくっていこう」と言われ、やってみようと思いました。

――仕事での岐路で何を大切にしてきたのですか？

こうだったらいいなと思うことがあったら、やってみることです。そうすると、ピンチでも応援してくれる人が必ずいました。

――仕事での将来的な夢はありますか？

今は子育て中で、独身時代と違って、仕事にかけられる時間が圧倒的に減りました。リーダーとしてすべきことに絞り、あえて電話を取る量を減らしています。リーダーなのにやってくれないと言われないような、後輩が認めてくれる仕事、苦情からよりよい商品とサービスを生み出す仕事をすることが当面の目標です。

Ｃさんの上司による成長支援

・残業を前提としない新しいリーダー像をつくるという挑戦に、女性社員とともに考える姿勢で臨んでいる。
・女性社員自身の能力・努力への支援と、制度や業務分担の見直しの両面から進めている。

CHECK!

☑ 働き方に制約がある部下はいますか？
☑ 制約があっても、本人の意欲、能力、適性により、期待する役割への挑戦を促していますか？

05 管理職としてのあり方を模索する女性社員

Dさん（38歳・未婚）は、専門商社Z社で管理職として働いています。

Dさんの事例をヒントに、女性管理職候補をどのように育てていったらいいかを考えていきましょう。

――どのような仕事をしてきたのですか？

電話による商品問い合わせ・受注手配・受注予測に基づく在庫管理の仕事をしています。上昇志向は特に強いわけではなく、後輩に恥ずかしくない仕事をしたいと思って続けてきました。部署初の女性管理職ですが、そもそも２年前に業務リーダーという役割ができて、その第一号が私、将来的には管理職として期待していると上司に言われていたので、戸惑いはありませんでした。ただ、想像より早かったかなとは思いました。

上司から管理職への推薦理由として、業務に対して常に手を抜かないこと、確実な業務知識と豊富な状況判断経験で後輩に指導ができること、後輩を育てたいという気持ちが強いことだと伝えられました。

――どのような思いで仕事をしていますか？

20代後半に、今の事実婚のパートナーと話し合い、子どもをもたないと決めました。だからでしょうか、この仕事をしてきてよかったと後輩に実感してほしい、そんな気持ちで後輩を育ててきたように思います。

――仕事での岐路だったと思うことはありますか？

管理職になって１年目、部下の女性２名が子育てとの両立が難しいという理由で、相次いで退職してしまいました。そのときは、何のために後輩を育ててきたのかと、相手を責めるような気持ちが生まれてきました。

――仕事での岐路で何を大切にしてきたのですか？

部下に率直に聞いてみることです。自分がやりたい、やりがいを感じるから後輩を育てていたはずが、いつの間にか、相手からの見返り（後輩からの感謝）を期待していたことに気づきました。私自身がもっとこうすればよくなるという仕事に対する思いが強すぎるようで、相手に事細かに要求しすぎていたことを、上司と部下から指摘されたのです。

この経験から、管理職の役割は、メンバー全体に目を向けて、つまずきそうなことに事前に気づき、声をかけて、どうしたらいいかを一緒に考えることだと思うようになりました。

――仕事での将来的な夢はありますか？

今の上司のように、相談するほどではないけれども悩んでいるときに、さっと声をかけ、力になれるような上司になりたいと思っています。

今は女性の管理職が少なく、私自身も試行錯誤していて、頼りないと思われていると思いますが、一緒にやってみたいと思ってくれる女性部下が増えたらうれしいです。

Dさんの上司による成長支援

・管理職への前ステップとして、業務リーダーという役割を新設した。
・業務リーダーとして実務面での後輩指導経験を積むなかで、本人の自信を高められるよう、メールやメッセージアプリでも随時相談にのり、きめ細かく励ましやアドバイスを伝えている。

\CHECK!/

- ☑ 管理職候補として育てていきたい部下はいますか？
- ☑ これまでの成長や本人の強みを踏まえて、どんな管理職として活躍してほしいですか？
- ☑ どのような段階を踏んで育てていきますか？

おわりに

最後までお読みいただきまして、ありがとうございました。

ダイバーシティ経営のなかでも、女性の働き方やキャリア形成にテーマを絞り、管理職としての関わり方や相談対応方法をご紹介してきましたが、いかがでしたか。

「こんなことを女性社員は考えていた、感じていたのかもしれないな」「こんな対応のしかたもあるな」など、職場の日常的なコミュニケーションにおける誤解やすれ違いを減らすこと、「女性自身が望む生き方、働き方」と「職場で必要とされること」が両立している状態の実現に向けた関わり方、そして誰もが働きやすい職場づくりに少しでも役に立つヒントがあったら、うれしいです。

本書は、これまで私が対応してきたキャリアコンサルティングや管理職研修、弊社が携わった従業員意識調査の経験やエピソードをもとに、個人のプライバシーや企業間の秘密保持に配慮し、どの職場でもよく起こっている事例に再構成してご紹介しました。

私にとって、管理職研修でのケーススタディやロールプレイングで、参加者の皆さんと一緒によりよい対応を考えてきたことは最大の財産です。「あのような声のかけ方、伝え方をしてもらえたら、私も気持ちが動くだろうな」など、講師をさせていただきながら、参加者の方々から学ぶことがたくさんありました。クライアントの皆さんに、あらためて感謝します。

これからも、たくさんの方々の知恵と経験にアンテナを立て、学びながら、人がもつ「仕事を通じて役に立ちたい、成長したいという思い」が、「前向きに仕事に向かうこと、仕事で成果を出すこと」につながるような、活躍できる環境づくりに注力していきたいです。

女性が働き続けるには、いろいろな壁があることを実感します。
たとえば、パートナーの転勤、妊娠期の体調不良、初めてで不安いっぱいの出産・育児、保育園や学童に入れないこと、子どもの体調不良や障がい、病気の家族の世話や介護など、いわゆるライフイベントによる壁です。
また、結婚しなかったこと、出産をしなかったことなどのノンイベント（自分で起こらないことを選択した、もしくは望んだけれども起こらなかった)、自分以外の人からの期待に応えようと頑張りすぎること（たとえば、女性管理職の第一号としての期待)、親世代からの有言無言のプレッシャー（たとえば、「孫はまだ？」「母親なのだから」など）等からくるストレスは、働き続けることへのエネルギーを奪います。
加えて、どんなに頑張っても昇給・昇進がない、大事な業務や役割を任されないために、自分がやっている仕事が大した仕事ではないと思ってしまうことも、苦労して上司に続けたいと訴えてまで仕事を続けようと思えない壁になるのです。
これらの壁を乗り越えるためには、女性自身の続ける意思・意志も大切ですが、上司である管理職やパートナー（夫）が、女性とともに当事者として、続けることを妨げている壁を一緒に登る、崩す行動を取ってくれることが何よりも力になります。

性別役割分業意識、男性社会を前提とした会社の人事制度·評価制度·採用方針などは、急には変わりません。すべての職場・社会で、仕事を続けたいという意思がある女性が、躊躇なく続けたいと意思表示できることが当たり前になるには、もうしばらく時間がかかるでしょう。
それまでの間、管理職の皆さんと一緒に取り組んでいきたいことは、女性の働き続けたいという意思表示を後押しする、次の３つの支援です。
１つ目は、「女性に働く目的を自分の言葉で語る支援」です。ライフイベントの岐路でいろいろな選択肢があり、人生を選ぶことを迫られる女性が、仕事を続けたいという思いを貫けるかどうかは、自分自身にとって（人によっては、家族や社会にとって）自分が働く意味や価値があるかどうかが大きく影響しているからです。

２つ目は、「他人からの評価だけに頼らず、客観的な自己評価ができるようになる支援」です。３章４項で触れましたが、自分の業務能力を会社の評価制度という客観的な物差しで測り、自分で説明できるようになると自信につながります。さらに、自分なりに目指す方向や課題を見出せるようにもなります。

３つ目は、「女性部下が組織にとって必要な存在であること、だからこそ働き続ける選択肢があることを伝え続ける支援」です。これが最大の後押しだと思います。

今から10年前、私のキャリアコンサルタントとしての独立を大きく後押ししたのは、二度の流産でした。14年間、民間企業に所属して、顧客対応や社員対応、組織的な緊急対応等、相手や状況に大きく左右される仕事をしてきましたが、子どもをもつことを優先し、自分で仕事量と時間を決めて働くことを希望したからでした。幸運なことに私は、退職直後に長男を妊娠し、その後、次男にも恵まれました。

女性活躍支援に取り組んできたキャリアコンサルタントとしての10年は、私たち夫婦が仕事と子育てとの両立を試行錯誤してきた10年でもありました。

保活、高熱があるという保育園からの呼び出し、小１の壁、骨折したという学童からの呼び出しなど、それらに夫婦のどちらが対応できるかと連絡を取り合ったことも、今となっては思い出です。

ここまで、夫婦だけでなく、両親、そして保育園、学童、小学校の先生方、周りの人に、物理的にも精神的にも支えてもらい、今に至ります。ありがたいことです。

子どもたちが思春期になると、日常的な世話やケガや病気、ちょっとした子ども同士のいざこざなどのトラブル対応に手がかかっていた頃が懐かしく思えるような難しいことも出てくるのでしょう。
ときには話し合いが感情的なケンカに発展することもありますが、これまで同様、夫婦で話し合い、助け合い、乗り越えていきたいです。

本書を書くにあたって大きな原動力になったのは、インタビューに応じてくださった方々の、働く女性として、管理職としての思いです。このような女性たちが、どの職場にもきっといる、そのような思いを強くしました。
また、退職して10年以上経っているにもかかわらず、初めて本を書く私に惜しみないアドバイスと支援をくださった、株式会社スコラ・コンサルトの柴田昌治さん、手塚利男さん、谷田邦子さんに心より感謝申し上げます。
そして、同文舘出版の戸井田歩さんは、困ったら相談できる、行き詰まったときは必ず打開につながるヒントをくださるという安心感で、私の初めての執筆を支えてくださいました。ありがとうございました。
最後に、ビジネスパートナーとして仕事の相談に、私にはない視点でアドバイスをくれるだけでなく、執筆の佳境には子どもたちの世話と家事を一手に担ってくれた夫・陽平と、「本は書けた？」と無邪気に私にプレッシャーをかけ続けてくれた子どもたちにも感謝します。

冨山佳代

「働く女性の意識調査」概要

●調査名称
「働く女性の意識調査（女性が仕事と子育てを両立するうえでの意識調査）」

●回答対象者
北海道、首都圏（東京、神奈川、埼玉、千葉）、関西（大阪、兵庫）、中部（愛知、静岡）、九州（福岡）の10都道府県在住の20代～50代の女性

●調査方式
インターネット調査

●調査期間
2018年12月13日～2018年12月16日

●回答者数
571名

●調査責任者
株式会社これあらた 代表取締役 冨山陽平

読者特典

読者の皆様に、本書で紹介している相談用シートなどのファイルを提供しています。

☞ https://pr1908.core-arata.co.jp 

※この特典は、予告なく内容を変更・終了する場合がありますことをご了承ください。
※本特典に関するお問い合わせは、株式会社これあらた（https://www.core-arata.co.jp/）までお願いいたします。

著者略歴

冨山　佳代（とみやま　かよ）

キャリアコンサルタント、株式会社これあらた代表取締役
1972年、神奈川県横浜市生まれ。1995年、東京海上火災保険株式会社（現 東京海上日動火災保険株式会社）に一般職で入社、自分では最も向いていないと思っていた営業に配属、28歳でエリア総合職に転換。2000年、東京海上100%出資の株式会社東京海上ヒューマン・リソーシズ・アカデミー（現 株式会社東京海上日動HRA）に出向し、親会社と代理店の研修企画と講師業務を担当、女性が仕事で自信をもって輝き続けるための人材育成、活躍支援に取り組む。2005年、組織風土改革コンサルティング会社 株式会社スコラ・コンサルトに入社、管理部門担当の執行役員を2年経験。2009年、キャリアコンサルタントとして独立。2011年、株式会社これあらたに参画。個人コンサルティングやセミナーにて、大学生から50代までのクライアントのありたい人生の実現に向けて支援をしている。夫と男の子2人の4人家族。仕事も子育ても"欲張り"人生を試行錯誤中。

■お問い合わせ
株式会社これあらた　https://www.core-arata.co.jp/

期待している人が辞めずに育つ
女性部下マネジメントの教科書

2019年8月13日初版発行

著　者 —— 冨山佳代

発行者 —— 中島治久

発行所 —— 同文舘出版株式会社

東京都千代田区神田神保町1-41　〒101-0051
電話　営業03（3294）1801　編集03（3294）1802
振替00100-8-42935
http://www.dobunkan.co.jp/

ISBN978-4-495-54040-1

印刷／製本：萩原印刷　Printed in Japan 2019